La mondialisation heureuse

Du même auteur

Rapport sur l'informatisation de la société, avec Simon Nora, La Documentation française, Le Seuil, 1978.
L'Après-crise est commencé, Gallimard, 1982.
L'Avenir en face, Le Seuil, 1984.
Le Syndrome finlandais, Le Seuil, 1986.
La Machine égalitaire, Grasset, 1987.
La Grande Illusion, Grasset, 1989.
L'Argent fou, Grasset, 1990.
La Vengeance des nations, Grasset, 1991.
Le Média-choc, Grasset, 1992.
Français, si vous osiez, Grasset, 1992.
Le Nouveau Moyen Age, Gallimard, 1993.
Contrepoints, recueil d'articles, Le livre de Poche, 1993.
La France de l'an 2000, rapport au Premier ministre, Odile Jacob / Documentation française, 1994.
Deux France ? avec Philippe Séguin, Plon, 1994.
L'Ivresse démocratique, Gallimard, 1994.
Antiportraits, Gallimard, 1996.
Louis Napoléon revisité, Gallimard, 1997.

ALAIN MINC

La mondialisation heureuse

PLON

ISBN 2.259.18688.2

Sommaire

Avant-propos

Je peux comprendre la colère des ouvriers de Moulinex et de Vilvorde, leur refus de la « mondialisation », leur désarroi face à l'injustice. Je ne supporte plus les approximations intellectuelles, les hypocrisies, les ambiguïtés de la longue cohorte qui mêle hommes politiques, industriels, universitaires, romanciers, prêts à partir en guerre contre l'évidence, comme ces enfants qui s'acharnent à nier la pesanteur. « Pensée unique », avait martelé Jacques Chirac, avant de découvrir six mois après son élection, à son corps défendant, le principe de réalité. « Mondialisation » sauvage, cruelle, violente, psalmodient les pleureuses d'aujourd'hui, comme si la France allait, seule, s'évader du monde qui l'entoure.

Vues de l'étranger, nos discussions apparaissent surréalistes. Qu'en pensent un Italien tendu, comme tous ses compatriotes, vers l'objectif de la monnaie unique, un Allemand acharné à sauvegarder son modèle d'« économie sociale de marché », un Britannique qui voit le nouveau gouvernement travailliste préserver l'héritage thatchérien, un Américain obsédé par l'ambition entrepreneuriale, un ancien communiste polonais qui ne rêve que de privatisations et de l'euro, sans compter les Russes, les Chinois, les Vietnamiens qui ont enfin découvert un matérialisme historique à leur goût, la loi du profit ?

L'exception française finit toujours par se nicher quelque part : écartée du champ de l'histoire, puis de la sphère politique, elle s'est réfugiée dans le débat économique, au point de voir des pans entiers de l'opinion aller d'illusion en illusion, à l'instigation d'élites promptes à fantasmer sur l'« autre politique », comme d'autres, hier, sur le modèle chinois, la révolution guévariste ou la patrie du socialisme. Quand notre pays voudra-t-il unanimement admettre qu'accepter la réalité n'est pas un crime et que privilégier la raison sur les pulsions demeure une réaction saine ?

« Et pourtant, elle tourne. » En matière économique, le précepte galiléen équivaut à un postulat lui aussi simple : la mondialisation est. Elle peut même être bienfaisante, pour autant que, tel un judoka qui prend appui sur un point de faiblesse, nous sachions la transformer en force, jouer des libertés qu'elle nous offre, assumer les mutations qu'elle induit. Bizarrerie suprême aux yeux des marchands de fantasmes, cette mondialisation honnie ne nous impose aucun modèle ; elle nous laisse libres de déterminer les termes mêmes de notre contrat social, le type de société que nous avons choisi, le degré de solidarité que nous souhaitons, à la seule et unique condition que nous ne nous acharnions pas à nous mentir à nous-mêmes et à tricher.

Je persiste et je signe : la mondialisation est heureuse.

Chapitre 1

Le marché-roi

« La fin de l'Histoire », nous avait-on promis après la chute du communisme, c'est-à-dire la victoire éclatante, absolue, irréversible de la démocratie. La crise des Balkans, l'autoritarisme du régime de Pékin, le populisme oligarchique qui règne à Moscou, la vengeance des nations ont eu raison de ce rêve irénique. Ce n'est pas la démocratie qui s'est imposée, *über alles*, c'est le marché.

Les idéologues verront, dans ce triomphe, le retour de la réalité : le marché n'est pas un état de culture de la société, le choix d'un système parmi d'autres ; c'est un état de nature et le nier en Union soviétique, en Chine voire en Inde, pendant plus d'un demi-siècle, ne pouvait inverser éternellement ce postulat. Les empiriques se contenteront, eux, de noter l'étrange coïncidence qui voit le communisme s'effondrer, les économies planifiées se dissoudre au moment où le progrès technique assure la libre circulation de l'information et où le dynamisme du capitalisme impose, de son côté, la libération des mouvements de capitaux. Coïncidence ou enchaînement ? Comment ne pas disserter, à l'infini, de l'effet induit par l'instauration d'un « média-monde » sur la solidité des régimes socialistes et sur le fonctionnement des marchés de capitaux ? A la limite, peu importe.

Le décor est désormais planté : hier cantonné à une petite moitié du monde, le marché règne partout en maître ; il assure la victoire du consommateur sur le producteur, de l'épargnant sur le prêteur, de l'entrepreneur sur le fonctionnaire. Mondialisation, globalisation, internationalisation ne sont que des noms de code pour cette nouvelle loi de la gravitation économique, le marché-roi. Celui-ci s'assimile, par ordre d'importance décroissante, à la toute-puissance des marchés financiers internationaux, à la libre circulation des technologies et, ultime avatar, au libre-échange des produits.

Mais ce nouvel ordre de l'univers ne sera ni stable, ni apaisé. Définitif ? A vue humaine, c'est une évidence. Equilibré ? Ce serait pure naïveté de l'imaginer. Des aléas le menaceront et, au minimum, le bousculeront. Stratégiques : nous sommes sortis d'un monde avec une menace mais sans risques, pour entrer dans un autre monde, lui sans menace, mais avec risques. Sociaux : le règne à venir du marché va de pair avec un cycle croissant d'inégalités. Culturels enfin : une tension apparaît partout entre la tendance à l'uniformité née de la mondialisation des produits, des modes de vie, voire des pensées, et une aspiration chaque jour plus forte à l'identité. La mondialisation peut être, si nous le voulons, heureuse, mais elle ne rime pas, elle non plus, avec la fin de l'Histoire.

*
* *

En septembre 1992, lorsque la livre sterling a été expulsée, par la force des marchés, du système monétaire européen, cinquante milliards de dollars étaient dépensés par demi-journée contre elle. En juillet 1993, quand le franc a été, à son tour, l'objet d'une guérilla monétaire, les réserves de change accumulées par la Banque de France pendant une décennie de politique prudente et sage, se sont volatilisées en une journée. Lorsque les marchés se sont persuadés, après les déclarations de Jacques Chirac, le 26 octobre 1995, qu'à rebours des rodomontades de la campagne présidentielle la France ne s'écarterait ni du sentier d'une orthodoxie raisonnable, ni de la construction de l'Europe monétaire, les taux d'intérêt à long terme ont vu fondre de plus de 3 % la « prime de risque » qui les séparait des taux allemands. Quand, pendant l'été 1996, des déclarations malencontreuses du ministre de l'Economie ont pu laisser croire que le gouvernement cherchait à déstabiliser le gouverneur de la Banque de France et donc à mettre en cause l'indépendance de l'institut d'émission, les taux à trois mois ont augmenté, en une heure, de 0,5 %.

Voilà le monde dans lequel baigne l'économie, à mille lieues de l'époque bénie, aux yeux de beaucoup, où le gouvernement fixait les taux d'intérêt, déterminait la parité de change et payait d'un bref plan de rigueur et d'une modeste dévaluation un moment de laisser-aller. Dans ce temps-là, jusqu'aux années quatre-vingt, les mouvements monétaires internationaux étaient la contrepartie d'échanges de marchandises et de services, et les réserves de change d'un pays lui permettaient de subir, des jours voire des semaines durant, un siège monétaire. Aujourd'hui, moins de un millième des transactions quotidiennes de change correspond à des flux d'importations et d'exportations, et les trésors d'or et de devises laborieusement accumulés par des années d'une balance excédentaire des paiements permettent de repousser un assaut pendant une journée !

Dans ce contexte, le licol monétaire qui enserre nos économies ne cesse de se raccourcir : du temps du général de Gaulle, il a fallu attendre quinze mois pour qu'une dévaluation solde les additions de mai 1968 ; lors de l'arrivée de la gauche au pouvoir, la situation s'est tendue au bout de six mois ; le doute fugitif, pendant l'été 1995, sur la politique économique française a provoqué, en moins de trois mois, une strangulation par les taux d'intérêt ; quant au gouvernement Jospin, il aura eu trois semaines pour retrouver le chemin du réel. Si demain, le pouvoir cédait aux sirènes de « l'autre politique » ou à la tentation de la relance salariale assortie d'une baisse drastique de la durée du travail, les taux d'intérêt n'attendraient pas une semaine pour s'envoler et les taux de change pour s'effondrer ! La France n'est évidemment pas la seule à être logée à cette enseigne. La crise mexicaine a rappelé aux pays émergents combien leur situation financière était en surfusion et les économies d'Asie du Sud-Est viennent de découvrir, à leurs dépens, l'aléa monétaire. Lorsque le gouvernement Berlusconi a donné au monde entier, il y a trois ans, le sentiment d'inventer un péronisme pour pays riches, la lire s'est dépréciée, au grand dam des concurrents de l'Italie, bien davantage que ne l'exigeait la vieille théorie des parités de pouvoir d'achat [1] et les taux d'intérêt se sont envolés à un niveau tel qu'ils ont plus qu'effacé, à moyen terme, les effets toniques de la dévaluation compétitive.

La vérité est simple, les marchés financiers jugent désormais les Etats comme les marchés boursiers les entreprises. Ils le font à partir d'une grille de lecture à plusieurs paramètres : l'endettement, l'évolution des déficits publics, le niveau d'inflation, la croissance et le chômage, ce dernier moins considéré pour lui-même que comme un indicateur de l'équilibre social du pays et donc des risques d'instabilité qui le menacent. Une « pensée unique » est, là, à l'œuvre : de Londres à Singapour, de New York à Tokyo, les opérateurs de marché, cette étange *lumpen intelligentsia* aux pouvoirs illimités, réagissent de concert. Ils pondèrent, certes de façon différente suivant les moments, les variables, s'inquiètent tantôt d'une légère résurgence de l'inflation, tantôt d'un ralentissement de la croissance, à l'occasion, de la chute des recettes fiscales, de temps à autre, d'une hausse ou d'une baisse du chômage. Ainsi, dans les pays victimes d'un fort chômage, toute augmentation du nombre des sans-emplois perturbe les marchés qui craignent de voir les gouvernements finir par lâcher

---

1. La théorie des parités de pouvoir d'achat supposait que l'évolution des monnaies compensait celle des prix, de manière que, partout, les pouvoirs d'achat s'équilibrent.

du lest et se rallier à une politique de relance ; en revanche, lorsque le plein emploi règne, comme aujourd'hui aux Etats-Unis, les mêmes opérateurs s'affolent de toute diminution supplémentaire du chômage qui laisse augurer des hausses de salaires, et donc un redémarrage de l'inflation.

Les marchés ont une philosophie ; elle est simple, voire simplette mais prévisible ; elle peut paraître fruste, mais au moins est-il aisé, dans la partie de cache-cache qui oppose gouvernants et opérateurs, d'intégrer le mode de raisonnement de l'adversaire. Ils ont aussi, ces diables de marché, la mémoire longue : quelques faux pas dilapident le crédit accumulé pendant des décennies. Lorsque les Allemands demandent aux Etats qui veulent participer au premier train de l'euro d'avoir, comme eux, une « culture de stabilité monétaire », ils avouent leur crainte de voir les opérateurs ne plus les créditer, à cause de leurs nouvelles fréquentations, d'un demi-siècle de vertu macroéconomique.

A ce jeu-là, la France va beaucoup mieux qu'elle ne le croit elle-même et les marchés lui font davantage confiance que ses élites, éternellement hypocondriaques et sceptiques. Lorsque les taux d'intérêt français à long terme sont de 1 % inférieurs aux taux américains, ce qui ne leur est pas arrivé depuis 1919, le monde entier émet, par le biais des marchés, un vote étonnamment favorable à notre pays, et ce satisfecit se double d'une prime économique, à travers l'avantage que confère à une économie un différentiel de taux. C'est, de ce point de vue, un paradoxe de mesurer, vis-à-vis de nous, la divergence entre une opinion financière louangeuse et une opinion médiatique sceptique : les *traders* de New York ne nous voient pas avec les mêmes yeux que le *New York Times*... Il en va, en définitive, d'un pays face au marché, comme du Juif dans la philosophie sartrienne : il est fabriqué par le regard de l'autre.

La question n'est pas, sauf pour les idéologues, de savoir si, tel qu'il fonctionne avec ses rigidités intellectuelles, ses raisonnements sommaires, ses *a priori*, le marché financier assure un optimum ou s'il est aveugle aux problèmes de la société et donc en train d'aviver des blessures sociales qui pourront, le jour venu, provoquer un cataclysme. Le jeu des arguments et des contre-arguments est sur ce plan-là sans fin. Ainsi les libéraux les plus acharnés, farouches militants de la libre fluctuation des monnaies, oublient-ils que leurs pères spirituels ont établi les principes fondateurs du libéralisme dans un contexte de monnaie unique et, qui plus est, d'une monnaie unique mondiale, l'étalon or. Il faut accepter la philosophie des marchés financiers, telle qu'elle est, la détester, si on le souhaite dans le secret de son âme, mais la traiter comme une réalité, sous peine de violents chocs en retour. A l'intérieur de la sphère de liberté qu'elle donne, à chaque pays de laisser parler son tempérament national et de faire ses choix ! Une telle dépendance n'est pas facile à accepter. Ni pour les gouvernements qui croyaient disposer de leviers d'action et qui voient les instruments légués par le keynésianisme — le déficit budgétaire, la relance de la consommation — devenir inutiles sous le poids d'un endettement qui les soumet à la légitime suspicion des marchés. Ni pour les banques centrales qui ont perdu la maîtrise de la politique des taux, à l'exception des taux au jour le jour dont le maniement relève davantage d'une gestuelle symbolique que de la « robinetterie » macroéconomique. Ni pour les agents économiques dont la vie est dépendante de mécanismes qui les dépassent et sur lesquels ils n'ont ni individuellement, ni collectivement, prise. Ni, bien sûr, pour l'opinion publique qui se sent victime de phénomènes brutaux, lointains et opaques.

Derrière le jeu de rôles entre des marchés financiers de plus en plus « sûrs d'eux-mêmes et dominateurs », des gouvernements apeurés et inhibés par leurs déficits publics et des banques centrales qui essaient de respecter l'adage — « ces mystères nous dépassent, feignons d'en être les organisateurs » — s'impose une réalité : l'épargne est devenue mondiale ; elle est insuffisante à l'échelle des besoins ; elle choisit librement les endroits où s'investir. Dans l'après-guerre, les capitaux ont mis encore plus de temps que les produits à circuler librement, même au sein du monde occidental. Ce n'est que dans les années quatre-vingt que les entraves à leur libre circulation sont tombées les unes après les autres, avec pour point d'orgue l'acceptation par la France, en juin 1988, de la libération des mouvements financiers, sans que le gouvernement de gauche obtienne, en contrepartie, un minimum d'harmonisation fiscale entre Européens sur l'épargne.

Celle-ci va désormais où elle veut, au gré des rentabilités différentielles et des régimes fiscaux. C'est le reste du monde, et en particulier le Japon, qui finance le déficit extérieur américain. Ce sont les fonds de pension anglo-saxons qui font désormais la pluie et le beau temps sur les marchés boursiers occidentaux : les « deux cents familles » ont désormais pour héritiers le fonds de retraites des instituteurs de Californie, celui des ouvriers de General Motors, au même titre que les fonds d'investissements britanniques et l'Etat de Singapour. Ce sont les épargnants de la planète qui choisissent les Etats dont ils acceptent de financer, à des taux plus ou moins bas, les déficits publics. Or les détenteurs de l'épargne sont de plus en plus sollicités, comme en témoigne l'apparition, depuis 1982, de taux d'intérêt réels positifs, c'est-à-dire supérieurs à l'inflation.

Cette inversion de signes, le passage de taux négatifs aux taux positifs, porte en elle une révolution sociale. Auparavant, qui possédait s'appauvrissait et qui s'endettait s'enrichissait. Désormais, qui possède s'enrichit et qui s'endette s'appauvrit. Mais économiquement, ce bouleversement témoigne surtout de la pénurie d'épargne : plus elle est rare, plus les débiteurs doivent la payer cher, avec des taux réels qui oscillent suivant les moments de 2 % à 7 %... De ce point de vue, la chute du communisme a accentué le déséquilibre entre l'épargne disponible et les besoins d'investissement. La première s'est encore réduite, puisque le coût de l'unification allemande aura réussi à transformer un des deux pays disposant jusqu'alors du plus fort excédent de la balance des paiements, l'Allemagne, en une économie débitrice. Les seconds n'ont cessé, en revanche, de se développer, dès lors que la moitié du monde, jusque-là hors des circuits d'investissement pendant toute la période communiste, s'est à son tour ouverte et semble obsessionnellement taraudée par le désir de rattraper le temps perdu. Moins d'épargne disponible et des projets à financer de plus en plus nombreux : les taux réels positifs ne sont pas prêts de disparaître.

La liberté de choix des épargnants devient infinie : entre des économies-continents, entre des pays, entre des entreprises, entre des produits sophistiqués qui pondèrent le risque et la certitude, l'aléa et les garanties. Les débiteurs sont tous en situation de faiblesse, face aux investisseurs, et n'ont de cesse de satisfaire leurs critères de jugement et de les séduire : les entreprises le sont devant les actionnaires avec, désormais, l'obsession de satisfaire le marché — suivant le vocabulaire rituel en usage ; les Etats en face des acheteurs de leurs bons du Trésor ; les banques en quête de refinancements et donc affolées à l'idée de se voir dégradées par les agences de *rating*, au risque de subir un renchérissement de leurs coûts financiers ; les institutions internationales en mal de ressources nouvelles. Les nouveaux maîtres du monde sont moins les investisseurs eux-mêmes que les institutions qui font et défont les réputations sur les marchés : analystes financiers de tout acabit et de toutes spécialités ; agences de rating d'autant plus tutélaires qu'elles sont peu nombreuses ; et les principaux gouverneurs de banques centrales, moins pour leur capacité à manier directement les flux, que dans leur fonction de gourous officiels.

La pression se fait, chaque jour, plus forte et rien ne l'arrêtera : même les pays historiquement les plus rétifs face au jeu des marchés financiers, comme l'Allemagne et le Japon, subissent, à leur corps défendant, cette révolution. La libre circulation des capitaux est, sauf cataclysme guerrier, irréversible. Les épargnants profiteront de plus en plus de la liberté de choix qui leur est, de la sorte, offerte ; le marché financier ne cessera de gagner en force et en vigueur, avec pour corollaire la toute-puissance et l'arrogance. A travers ce seul phénomène, la mondialisation aurait déjà triomphé.

*

* *

Autre bouleversement, plus méconnu, la libre circulation des technologies. L'Occident a maintenu, pendant plus d'un siècle, sa domination sur le monde, en tirant sur une rente. Ce fut, jusqu'aux années cinquante, la rente coloniale : la France a été moins habile à ce jeu-là que les Etats coloniaux, d'essence marchande, tels la Grande-Bretagne et les Pays-Bas passés maîtres dans l'art de pratiquer l'« échange inégal ». Ce fut, ensuite, plus discrète mais aussi efficace, la rente technologique. Seuls détenteurs des technologies avancées et premiers bénéficiaires du progrès technique, les pays occidentaux pouvaient resserrer à volonté le robinet des transferts de *know how* vers le monde en voie de développement et ce d'autant plus facilement que celui-ci ne disposait ni de capitaux pour financer les investissements, ni surtout des élites pour maîtriser les processus de production.

L'Occident n'a guère mesuré, pendant la guerre froide, combien la mise hors jeu économique de l'univers communiste l'a aidé à perpétuer cette rente : des économies, fortes de compétences potentielles, étaient clouées au sol ; d'autres se contentaient d'une demi-ouverture internationale, comme en Amérique du Sud ; et, hormis à l'intérieur du monde riche, un modèle semi-autarcique, semi-corporatiste, se perpétuait. Serait ainsi apparu fou, aux yeux des Allemands, celui qui leur aurait expliqué que leur domination industrielle était gagée sur la paralysie économique d'une moitié de l'univers. Telle était pourtant la vérité. Seule la fameuse spécialisation industrielle allemande pouvait obliger, par un effet de rareté, les acheteurs à être indifférents aux prix de vente. De là la perpétuation de l'excédent commercial germanique, malgré le handicap d'un mark surévalué. Avec l'entrée en lice de nouveaux joueurs, la rente s'efface. Les machines-outils les plus sophistiquées *made in Germany* commencent à être concurrencées par des productions *made in Shanghai*, demain de même qualité et naturellement moins chères.

Le frein financier ne fonctionne plus : l'épargne locale est abondante et des taux de rentabilité faramineux attirent les investisseurs internationaux. Les compétences techniques sont disponibles : oublierait-on que la moitié, désormais, des doctorats décernés aux Etats-Unis va à des Asiatiques dont une grande partie revient sur place ? La main-d'œuvre est compétente et, *last but not least*, se manifeste un chromosome capitaliste, inhérent au tempérament local, et qui fait, en revanche, largement défaut à Nijni-Novgorod ou à Bakou.

Quant aux secrets de fabrication, aux *process* de production brevetés, aux savoir-faire, en théorie surprotégés, ils circulent désormais presque aussi rapidement que les capitaux. Dans un monde régi par la fluidité de l'information et par Internet, tout finit par être accessible : les brevets deviennent des barrières de papier, les avances technologiques ne durent guère et les rentes sont condamnées. Les secrets de fabrication sont promis au même destin que les secrets d'Etat : être, de plus en plus vite, mis au jour ! Ainsi, encore fiers de leurs techniques il y a peu, nos mêmes Allemands découvrent la concurrence, apprennent à leurs dépens que leurs spécialisations tels les biens d'équipement, les machines-outils, sont désormais contestées, mesurent les handicaps d'une monnaie trop forte et voient leur salut dans l'euro, grâce au mariage du mark et d'une devise latine raisonnable, le franc. Il existe un étrange enchaînement qui part de la libre circulation des technologies et aboutit à la conversion des élites économiques allemandes à l'euro... Ce n'est qu'un témoignage, parmi d'autres, de la révolution en marche.

Le destin de ces deux anciens entrepôts de l'Empire britannique, Hong Kong et Singapour, illustre jusqu'à la caricature le phénomène, avec l'un et l'autre, un revenu par tête supérieur à celui de la Grande-Bretagne. Les ressorts en sont communs : un fort taux d'investissement, une scolarisation développée, une large ouverture au monde. Quand un de ces trois facteurs fait défaut, le décollage n'a pas lieu. Avec un surplus des finances publiques, un système obligatoire de retraites par capitalisation, des investissements étrangers vingt fois supérieurs à ceux que l'Inde a reçus, Singapour avait les moyens matériels de s'affranchir de sa dépendance technologique. C'est un cas ultime mais la croissance des dragons asiatiques s'est déroulée partout sur le même modèle et la Chine s'y adonne à son tour, avec un taux d'épargne qui représente en 1995 43 % du revenu national, une ouverture aux échanges extérieurs aussi importante que pour la France (20 % du produit intérieur), un fort mouvement de scolarisation et la présence d'élites de niveau international. L'Indonésie entre, à son tour, dans ce cercle vertueux et l'Inde s'en rapproche.

Ce n'est certes pas une loi universelle : la Russie découvre les mirages d'une « bourgeoisie comprador » — suivant la vieille terminologie de Marx —, qui tire ses profits de l'importation de biens de consommation, mais elle ne voit pas, en revanche, émerger une classe entrepreneuriale de bonne qualité, susceptible de mobiliser l'épargne, d'investir et de marcher sur les brisées de l'Occident. Il n'existe pas une fatalité du développement, comme nous avions cru autrefois qu'il existait une fatalité du sous-développement. Rien n'est davantage écrit, mais la clef qui suffisait à bloquer le processus, la technologie, est à la portée de tous. De là, pour l'Occident qui se protégeait derrière cette rente, une lancinante question : comment perpétuer son avance ? Où trouver les avantages qui pourraient se substituer à cet atout désormais disparu ?

Lâchés, il y a quinze ans, par les Japonais dans les nouvelles technologies, les Etats-Unis ont rattrapé leur retard et rétabli leur prédominance, preuve, s'il en était besoin, qu'aucune partie industrielle n'est écrite, que les battus d'une période peuvent, à certaines conditions, être plus tard les vainqueurs et que la mondialisation n'établit pas une hiérarchie incontestable de rétrogradés, de promus et de triomphateurs. La ductilité du capitalisme américain, sa flexibilité, ses audaces, son goût de l'aventure, sa capacité si particulière d'avaler les hommes, les idées, les projets : autant d'atouts face à une révolution technique qui voit les produits les plus sophistiqués vivre moins d'un an avant d'être remplacés par d'autres, moins chers, meilleurs, plus efficaces.

Le sursaut américain met à bas la vieille loi braudellienne qui décrit le centre de l'économie-monde allant de Venise à Amsterdam, d'Amsterdam à Londres, de Londres à New York, de New York à Los Angeles, et, demain, de Los Angeles à Tokyo ou Shanghai. Cette vision-là postule, à chaque nouvelle révolution technologique, le déclin irrémédiable des uns et l'ascension irrésistible des autres. Tel n'est plus le jeu. Aujourd'hui ressuscitée, l'économie américaine peut demain reculer. Quelques ratés technologiques, deux ou trois erreurs de calibrage macroéconomique, l'affaiblissement de ce facteur de production plus essentiel encore que le capital et le travail, mais tellement plus fragile, la confiance, et le déclin semble à nouveau menaçant. Plus la technologie sera à la portée de tous, plus la partie sera ouverte, plus les positions acquises seront réversibles. L'Occident se trouve, au fond, dans la même situation que l'est à une échelle plus modeste un monopole public placé brutalement en situation de concurrence. L'un et l'autre peuvent soit se voiler la face et à terme se condamner à l'affaiblissement, soit accepter les nouvelles règles du jeu et tirer parti de leurs positions acquises pour reprendre une longueur d'avance. Nos pays ne sont plus des rentiers de la modernité ; ils ne sont pas, pour autant, des victimes désignées ; ils redeviennent étrangement maîtres de leur avenir.

*
* *

Et les délocalisations, les suppressions d'emplois, les fermetures d'usines, la concurrence acharnée des pays à bas salaires ? Le chœur n'est pas loin, qui assimile mondialisation et régression. Telles sont en effet les obsessions qui riment avec le mot même de mondialisation, donc avec la libre circulation des produits et des services. Bizarrement, celle-ci est moins avancée, moins sûre d'elle-même que la liberté de circulation des capitaux et des technologies, et pourtant tellement plus fantasmagorique !

Le libre-échange ne cesse certes de progresser ; depuis la chute du communisme, il a gagné la planète entière ; de l'Union européenne au Mercosur, de l'Uruguay Round à l'instauration de l'Organisation mondiale du commerce, les barrières aux échanges s'effondrent les unes après les autres. La progression du commerce mondial est le principal moteur de la croissance. L'avenir n'est pas, néanmoins, écrit ; deux phénomènes libre-échangistes se déroulent en parallèle et ils peuvent soit se renforcer l'un l'autre, soit partiellement se neutraliser.

D'abord, la tendance à la formation de grands ensembles régionaux. L'Union européenne attire, tel un aimant, dans sa zone de libre-échange, l'Europe de l'Est, la Russie occidentale, les pays des Balkans, la Turquie, voire le Maghreb : tous ne rejoindront pas ses institutions mais d'accord d'association en compromis bilatéral, ils participeront librement à son marché. Un grand marché américain se profile parallèlement, de l'Alaska jusqu'à la Terre de Feu : après les Etats-Unis, le Canada, le Mexique, l'Alena embarquera successivement tous les pays d'Amérique du Sud, le Chili en premier lieu, qui constituera un trait d'union avec le Mercosur ; les autres suivront, Argentine et Brésil en tête. En Asie aussi, une zone régionale de libre-échange s'installe entre le Japon et les économies de l'Asie du Sud-Est, certes compliquée par le jeu d'une Chine qui veut demeurer à la fois dedans et dehors, et par l'arrivée en force d'une Inde qui ne s'intégrera pas à cet ensemble, tel un banal dragon asiatique. Mais cahin-caha, trois zones régionales de libre-échange se mettent en place après avoir toutes suivi les mêmes étapes qui apparaissent irréversibles.

Parallèlement tout pousse à la libéralisation des échanges à l'échelle mondiale. Des secteurs entiers, jusqu'alors en retard, tels les services financiers et les télécommunications, basculent. Dans un univers aussi complexe que l'agriculture, les prix mondiaux finissent par s'imposer aux dépens des systèmes de protection à l'européenne. Les abaissements tarifaires se poursuivent sans interruption et l'organisation mondiale du commerce traque les mauvais élèves, y compris le premier d'entre eux, les Etats-Unis.

Cette double évolution, cette poussée régionale et mondiale du libre-échange semblent faire de la mondialisation du commerce une certitude. Sans doute faut-il tempérer une vision aussi irénique : la victoire du marché mondial sur les grands marchés régionaux n'est pas encore acquise. Autant le réflexe protectionniste a perdu toute légitimité politique, à l'échelle d'un seul pays, sauf dans l'esprit de quelques illuminés, autant la tentation protectionniste, aux frontières d'un ensemble régional, Europe ou Amérique, continue de rôder et de séduire une coalition qui va d'anciens nationalistes ayant décalqué leurs réflexes autarciques sur un espace plus large jusqu'à des acteurs économiques internationaux soudainement saisis par l'angoisse ou le remords, en passant par les régiments d'économistes désireux de trouver une zone où appliquer leur pharmacopée keynésienne, et par les populistes de tout acabit, aux Etats-Unis ou ailleurs, désireux de préserver le spectre du grand méchant loup étranger.

Il suffirait d'une crise internationale plus aiguë qu'un simple ressac conjoncturel, d'un mouvement brutal des opinions, de quelques faux pas dans la gestion macroéconomique du monde, pour que chacun des grands ensembles régionaux rêve de rétablir des freins aux échanges internationaux et de garder, vis-à-vis des autres, des écluses tarifaires et des réglementations « isolationnistes ». Ce n'est pas l'évolution la plus probable car le libre-échange mondial a le vent en poupe, mais la libre circulation des produits et des services demeure moins complète que celle des capitaux et des flux financiers.

Le fantasme se révèle, lui, plus puissant même que la réalité. Il s'est d'ailleurs inversé entre le Nord et le Sud. Echaudés par les ravages de l'« échange inégal », les pays pauvres ont été jusqu'à ces dernières années réticents devant le libre-échange : combien d'entre eux ne se souvenaient-ils pas des effets d'une ouverture brutale de leurs frontières, comme l'Inde dont l'industrie textile avait disparu sous le choc de la concurrence britannique et dont l'agriculture, à force de se spécialiser, n'était plus en état d'assurer, sans importations, l'alimentation de la population ? Pour la plupart, c'est désormais l'enthousiasme qui prévaut ; ils voient dans le capitalisme global le meilleur des mondes et vérifient étrangement, à leur profit, la célèbre philosophie de Rawls : les inégalités sont justifiées, dès lors qu'elles font progresser les plus faibles. Avec des prévisions aussi idylliques que celles de la Banque mondiale — 7,5 % de croissance en Asie pendant vingt ans —, la globalisation peut légitimement y trouver des militants...

L'engouement des pays du Sud a pour symétrique l'angoisse croissante des pays riches : Jimmy Goldsmith ou Ross Perot en étaient, parmi d'autres, les baladins... L'ancien candidat aux élections présidentielles américaines n'a pas été ébranlé par la crise du peso et les difficultés du Mexique à s'intégrer dans l'Alena, alors qu'il avait prophétisé l'inverse, la déstabilisation des Etats américains du Sud, Californie et Texas en tête, face à l'irréversible ascension mexicaine... L'idée que la mondialisation s'impose aux dépens de l'emploi dans les pays riches part d'une conviction : ils exportent des produits riches en capital et en importent, qui sont, eux, riches de travail, avec à la clef, inévitablement un transfert d'emplois [1]. Or, rien n'est plus faux.

Les économistes savent, de longue date, que même les Etats-Unis exportent des biens plus inten-

1. Ce paragraphe doit beaucoup, comme d'autres, à l'exceptionnel livre de Daniel Cohen, *Richesse du monde, pauvreté des nations*. Flammarion, 1996.

sifs en travail que ceux qu'ils achètent à l'étranger. La réalité est autre : les exportations des pays riches intègrent beaucoup plus de travail qualifié que la moyenne de la production, et à l'inverse leurs importations ont un contenu en travail non qualifié beaucoup plus fort. Il existe donc, pour les pays du Nord, un troc entre un emploi qualifié de mieux en mieux payé, aussi longtemps qu'il n'est pas concurrencé sur les créneaux sophistiqués, et un emploi peu qualifié, soit menacé, soit dévalorisé sur le plan du salaire. Mais ce phénomène a encore des effets limités. Toutes les études montrent que le pourcentage de travailleurs concernés par la concurrence avec les pays pauvres est faible : 2 à 3 % de la main-d'œuvre totale. Aux Etats-Unis, on estime que la hausse des importations en provenance du Sud a détruit 6 % des emplois non qualifiés de l'industrie qui, elle-même, n'emploie plus que 18 % de la population active. Et, en France, le commerce international est paradoxalement générateur d'emplois non qualifiés, compte tenu du poids de la filière agro-alimentaire. C'est à cette aune-là qu'il faut mesurer les angoisses. Certes les nouveaux pays industriels entrent en force dans des métiers de plus en plus sophistiqués, mais les vieilles lois de l'économie de marché continuent de fonctionner : plus ces acteurs progressent et font évoluer leurs exportations, plus les salaires s'élèvent et plus leur avantage compétitif s'étiole. Et d'ailleurs, un pays comme la France a une balance commerciale excédentaire avec chacun de ces nouveaux joueurs que son opinion publique assimile néanmoins à des démons. A ce jour, nul ne peut démontrer, avec des arguments chiffrés, que la mondialisation tient un rôle décisif dans la montée du chômage. Ainsi, des pays encore plus exposés au commerce international que le nôtre, comme les Pays-Bas, vivent presque en situation de plein emploi.

Que le développement des échanges accélère les mutations sectorielles et pousse nos économies à une mobilité et une rapidité de réaction sans équivalent relève, en revanche, de l'évidence ! Encore l'ampleur de ce phénomène dépendra-t-elle de plus en plus du modèle de libre-échange dans lequel nous allons vivre : soit une organisation en blocs régionaux et l'obligation d'une mutation accélérée s'imposera ; soit le triomphe du libre-échange mondial sera incontesté, et l'exigence d'adaptation et de flexibilité atteindra son maximum. Mais les adversaires de la mondialisation hiérarchisent mal leurs angoisses : les délocalisations ne méritent guère un tel excès d'honneur, la puissance des marchés, oui !

*
* *

L'économie n'est pas devenue, avec la mondialisation, la maîtresse absolue du monde. C'est une vue de l'esprit d'imaginer qu'elle assure la paix, la prospérité et la stabilité des relations internationales. Etrange héritage marxiste que celui de libéraux convaincus du primat de l'économie et des infrastructures matérielles, puisqu'ils prêtent au développement du commerce des vertus pacifiques et stratégiques ! La guerre du Golfe nous a adressé, de ce point de vue, un signal que tous se sont empressés d'oublier : un à-coup militaire suffit à perturber le processus de croissance et le jeu économique. Et encore le conflit de l'hiver 1991, cette guerre pour les Occidentaux avec « zéro mort », ne constitue-t-il qu'une anicroche, comparé aux aléas qui, chaque jour, nous menacent. Nous sommes passés, disions-nous, d'un monde avec une menace mais sans risques, à un monde avec des risques, mais sans menace. De ce point de vue, les trois grands espaces régionaux ne vivent pas à la même enseigne.

L'Europe est, comme toujours, le continent de tous les dangers. Une ligne rouge la parcourt, le long de laquelle, tous les deux cents kilomètres, une crise majeure peut se produire.

Elle plonge ses racines à la frontière lituano-polonaise : oublierait-on que la capitale lituanienne, Vilnius, s'appelait avant-guerre Wilno et faisait partie intégrante, de toute éternité, de la Pologne ?

Elle longe la frontière ukraino-russe, de loin la plus sensible : comment croire que la Russie, cet empire-nation, dont la conquête territoriale a toujours fondé l'identité, se résoudra pour toujours à l'indépendance d'une Ukraine qui demeure son berceau historique ? Comment effacer de l'Histoire le fait que Kiev ait représenté, pour la monarchie russe, le même lieu mythique que Reims pour les rois de France ? Comment nier l'imbrication des populations, des intérêts militaires et des infrastructures économiques ?

Elle débouche ensuite, cette ligne de tous les dangers, sur un univers hongrois, compliqué par la présence, hors de la Hongrie, d'un tiers de Magyars de souche : des traités de bon voisinage, en particulier avec la Roumanie, paraissent avoir figé, pour un long moment, peut-on l'espérer, les risques de crise mais ne faisons pas l'impasse sur l'aveu, lourd de menaces, du Premier ministre de l'ère postcommuniste qui s'était présenté comme le chef de tous les Hongrois, y compris les quatre millions minoritaires en Roumanie, en Russie, en Serbie et en Slovaquie.

Elle glisse au cœur des Balkans où, paradoxalement, l'affrontement entre Serbes et Croates et la dissolution de la Bosnie représentent les conflits les plus traditionnels, donc les plus codés et les plus contrôlables, par comparaison avec une poudrière albanaise et bulgare qui voit s'imbriquer majorité musulmane et minorité grecque, majorité slave et minorité musulmane et qui avive, chaque jour, le risque d'un affrontement militaire entre la Grèce et la Turquie.

Elle disparaît enfin, sur les confins de l'Europe, dans les républiques musulmanes de l'ex-Union soviétique où la Turquie et l'Iran se livrent à une lutte d'influence sans merci, la première demeurant, malgré la pulsion islamiste qui la taraude, un fidèle allié de l'Occident et le second n'ayant pas renoncé au prosélytisme naturel de tout régime théocratique.

Tous les accidents ne se produiront pas le long de la ligne rouge, et à coup sûr, pas au même moment. Mais de même que ceux qui ont cru, le 10 novembre 1989, le lendemain de la chute du Mur, à la paix universelle, faisaient l'impasse sur le poids de l'histoire balkanique et sa fatalité, de même tous les optimistes se dupent-ils qui confondent le *statu quo* actuel et la stabilité éternelle... Avec pour toile de fond une Armée rouge, devenue le marché aux puces des Etats, voire des groupes privés, en quête de ces bazookas atomiques, pompeusement baptisés armes nucléaires tactiques, et avec pour première manifestation des crises, des mouvements massifs de population dont la guerre civile yougoslave a fourni un avant-goût, l'Europe ne peut se sentir tranquille et à l'abri de l'accident. Aussi, en surplomb de son économie, demeurent des risques dont les conséquences économiques seraient dévastatrices et qui feraient litière pour elle d'une mondialisation heureuse.

L'Asie n'est pas, à long terme, mieux lotie. La partie paraît aujourd'hui stabilisée entre les quatre puissances asiatiques que sont la Chine, le Japon, la Russie, les Etats-Unis, grâce à l'alliance nippo-américaine. Celle-ci s'est cimentée, à l'époque de la menace soviétique, à travers un accord entre des arrière-pensées : la protection nucléaire américaine contre le financement, par le Japon, du déficit externe des Etats-Unis, et une autolimitation des exportations nippones. Ces intérêts communs ont été si puissants, jusqu'à aujourd'hui, entre les deux pays, qu'ils ont réussi à faire fi des mauvais souvenirs historiques et d'une antipathie mutuelle.

Mais l'alchimie ne fonctionne que par l'existence d'un ennemi, ou plus modestement, d'une menace. Digne héritière de l'Union soviétique, la Russie s'est, jusqu'à présent, refusée à mettre fin à sa guerre froide avec le Japon ; elle n'est pas entrée dans un jeu qui aurait comporté : de sa part, la restitution, fût-ce sous une forme déguisée, des îles Kouriles et de Sakhaline ; du côté du Japon, des engagements massifs d'investissements en Sibérie ; et entre les deux pays un bon et solide traité de paix. Si elle se décide demain à ouvrir cette partie, le fondement de l'alliance nippo-américaine sera mis à mal avec, entre ces deux partenaires qui ne s'aiment pas, le risque d'une dégradation rapide de leurs relations.

La menace chinoise pourrait-elle servir de substitut à l'hostilité russe et contribuer à maintenir alliés les Etats-Unis et le Japon ? Peut-être, mais nul ne peut présager, dans un tel contexte, de l'attitude russe qui pourrait se vouloir solidaire du Japon, et surtout rien n'étaye la certitude d'une Chine belliqueuse. Celle-ci peut se contenter de régner, par sa seule influence, sur une grande Chine qui mêle la Chine continentale, les deux porte-avions économiques que sont Taïwan et Hong Kong, et une diaspora qui contrôle économiquement une grande partie de l'Asie du Sud-Est. Elle peut, à l'inverse, se vouloir plus guerrière, provoquer un conflit pour la reconquête de Taïwan et harceler, pour des querelles de bornage, l'Inde, voire la Russie. Dans ce contexte, le quadrige des quatre puissances connaîtra quelques perturbations...

Et encore ces perspectives floues n'intègrent-elles ni le dénouement des relations entre les deux Corées, ni l'hostilité à peine cachée entre la Corée, et le Japon, ni les incertitudes entre la Corée et la Chine, ni les avatars possibles du conflit entre l'Inde et le Pakistan, ni les luttes d'influence entre la Chine et le Japon en Asie du Sud-Est... Adossés à leurs mirifiques extrapolations macroéconomiques qui promettent à l'économie asiatique une croissance exponentielle, les experts se gardent d'imaginer les accidents diplomatiques et stratégiques qui mettraient à mal leur optimisme historique. Comme en Europe, la mondialisation demeure, en Asie, tributaire de comportements plus anciens que la libre circulation des capitaux et des produits : les hostilités séculaires, les tensions frontalières, les accidents diplomatiques, en un mot le poids de l'histoire et de la géographie.

Seul l'espace américain échappe à de telles incertitudes stratégiques. Les règles sont d'une grande simplicité : un marché qui couvrira les deux Amérique, une monnaie unique, le dollar, une puissance politique, à Washington, capable de maintenir l'ordre et, aubaine supplémentaire, des tensions historiques faibles entre les pays d'Amérique du Sud. Appuyés sur un espace régional homogène et stable, les Etats-Unis bénéficient d'une rente politique qui ne fera, au fil des années, que se renforcer. Leur imperium international en sera le premier bénéficiaire, et dans la concurrence qui l'opposera à l'euro, le dollar conservera un atout particulier, celui de demeurer l'ultime refuge en cas de soubresauts politiques ou militaires. Bien davantage encore que l'efficacité de leur capitalisme et l'innovation de leurs entreprises, la sérénité stratégique des Etats-Unis leur donne, dans la rivalité des trois espaces, un avantage compétitif sans pareil.

Dans les périodes de grand calme, le politique s'efface derrière l'économique et la mondialisation semble la réalité, en amont de toutes les autres : elle conditionne, aujourd'hui, le fonctionnement du capitalisme, autant que l'économie-monde braudellienne le faisait au XVIe siècle. Mais, à la moindre tourmente, la hiérarchie s'inversera, l'économie deviendra secondaire et la mondialisation sera perturbée avec, pour ultime étoile polaire du système, un espace américain qui profitera, une fois de plus, de sa jeunesse : il ne risque pas d'inquiétantes réminiscences historiques, puisqu'il échappe à l'Histoire.

*
* *

Le triomphe du marché est soumis à un deuxième risque : un cycle d'inégalités croissantes qui peut mettre en jeu, aux yeux de beaucoup, sa légitimité. Non entre nations : un processus de rattrapage est en route qui, à l'exception de l'Afrique centrale, ce continent englouti, et de quelques autres zones en déshérence, profite à tous. Mais entre citoyens au sein d'une même économie.

C'est d'abord l'effet de la révolution méconnue qui a fait basculer, en 1982, l'Occident de taux d'intérêt réels négatifs à des taux réels positifs. Jusqu'alors, la prime offerte aux débiteurs et la pénalité imposée aux détenteurs du capital participaient du processus égalitaire de l'après-guerre avec, à la clef, la constitution d'une immense classe moyenne dans laquelle toutes les autres classes se fondaient, de l'ouvrier qualifié en train d'acquérir sa maison aux bourgeois désargentés en pleine liquidation de leur héritage familial. Insensible sur l'instant, la résurrection du capital a été violente et, au terme d'une quinzaine d'années, elle prend toute son ampleur par la seule machine infernale des effets cumulatifs.

Accentués de manière générale par la pénurie d'épargne, poussés en Europe pendant quelques années jusqu'à des sommets par la reconstruction de l'Allemagne de l'Est, aggravés par la réduction progressive d'une fiscalité sur le capital qui, dans un univers mondialisé, s'aligne sur le « plus petit commun prélèvement », les taux réels positifs ont introduit une fracture de plus en plus sensible entre ceux qui possèdent, qui leur maison, qui un modeste portefeuille, et les autres dont les ressources se limitent à des revenus du travail rendus aléatoires par le chômage et dont l'endettement devient mécaniquement plus lourd. Quelles seront par exemple les solidarités entre deux enseignants, ayant le même revenu, dont l'un est surchargé de dettes pour financer l'acquisition d'un F 3 en banlieue et dont l'autre a hérité d'un appartement au cœur de Paris et d'un portefeuille de 3 millions de francs ? Leurs modes de vie, leurs préoccupations, leurs visions de l'avenir divergeront : combien de temps le lien professionnel gardera-t-il l'ascendant par rapport aux différences de situations matérielles ? Ce que la comptabilité nationale ne cesse d'enregistrer, la part croissance des revenus du capital aux dépens des revenus du travail, la vie quotidienne en porte, chaque jour, davantage la trace.

Quant à la valeur même des patrimoines, la disparition de l'inflation, corollaire des taux réels, l'a fait s'envoler depuis quinze ans : la progression de la Bourse et même celle de l'immobilier, malgré le ressac des dernières années, n'ont cessé de la conforter. La vieille loi statistique qui a toujours mesuré une inégalité plus grande des patrimoines que des revenus s'est plus que jamais vérifiée : la montée du prélèvement fiscal a accentué l'homogénéisation des revenus, sauf pour une minorité très favorisée, alors que les écarts de richesse se sont, chaque jour, accrus pendant la même période.

La France a ajouté à cet état des lieux une spécificité qui lui est propre, un taux marginal d'impôt sur le revenu deux fois et demie supérieur au prélèvement sur les plus-values, alors qu'avec un système fiscal hyperlibéral, les Anglais paient le même pourcentage sur leurs revenus, indépendamment de l'origine, travail ou capital. La mondialisation va de pair avec l'accumulation du capital, mais elle n'en est pas l'origine. La liberté des mouvements de capitaux fait bon ménage avec les taux réels positifs, mais elle s'accommoderait aussi du retour de l'inflation. Ce sont la psychologie collective et les fantasmes idéologiques, davantage que les enchaînements économiques, qui lient les deux phénomènes, mondialisation et inégalité, au point de faire de la première le bouc émissaire de la seconde.

Or si, outre les taux réels, il fallait trouver une autre origine au retour brutal des inégalités, la révolution industrielle en cours, dont la mondialisation ne constitue qu'une simple manifestation, la fournirait. La typologie de Robert Reich [1] est, de ce point de vue, éclairante avec son classement de la population active en quatre catégories : les « manipulateurs de symboles », en l'occurrence les producteurs d'idées, grands bénéficiaires de la globalisation ; les travailleurs du secteur des services ; les travailleurs liés au *Welfare State* ; et enfin les travailleurs routiniers, les seuls soumis au risque de délocalisation. Les premiers sont sûrs de gagner, les derniers de perdre et les deux autres groupes sont promis à un avenir aléatoire.

1. *The Work of Nations*. Vintage Books, 1991.

A la jonction des techniques de l'information et de l'ouverture au monde, se met en route une économie davantage fondée sur la production d'idées et, de ce fait, plus inégalitaire que celle qui la précédait, exclusivement tournée vers la fabrication d'objets, au moindre coût. Sa propension à exclure est grande, et les travailleurs non qualifiés représentent les premières victimes. Ils ont, aux Etats-Unis, payé d'un prix élevé cette mutation, par une baisse de leurs salaires réels de 30 % en vingt ans, et en France, compte tenu de l'existence du SMIC, par un accroissement, sur la même période, de leur taux de chômage de 3 % à 20 %. C'est une classe entière qui a été atteinte, et non les seuls travailleurs, infiniment moins nombreux, touchés par la concurrence directe des pays pauvres. Au-delà même de ces salariés exposés en première ligne, la machine inégalitaire fonctionne à plein régime. Le pouvoir d'achat de l'ouvrier américain est revenu en 1990 à son niveau de 1960. De 1970 à 1990, le salaire médian a, en effet, régressé aux Etats-Unis de 5 %, alors que l'écart entre les 10 % les mieux payés et les 10 % les moins bien payés s'est, lui, accru de 40 %.

Il n'est pas sûr qu'aux moments les plus chauds de la révolution industrielle, les inégalités aient augmenté avec une telle violence : de là, depuis 1970, l'apparition de la catégorie, si révélatrice, de l'économie américaine, des *working poors*, les pauvres qui travaillent, à la différence des *non working poors* en Europe, les pauvres au chômage. Plus l'économie fait une large place aux activités tertiaires, plus les inégalités s'accroissent, avec la création d'emplois qualifiés et la destruction d'emplois non qualifiés. La mondialisation constitue une simple pièce du puzzle qui se met en place avec, en position de force, les salariés dont le métier est décisif pour le bon fonctionnement de l'appareil économique : créateurs, opérateurs de marché, informaticiens pointus... Le travail s'est « professionnalisé » et les primes d'ordre matériel vont aux professionnels.

A l'autre extrême, se développe une sous-société soit de *working poors*, soit d'exclus. Quant aux travailleurs non professionnels des services, ils connaissent une situation contrastée avec l'apparition, parmi les *cols blancs*, d'un *lumpen-salariat*, à côté de métiers, eux, en plein essor. Les fonctionnaires et assimilés, « les travailleurs du Welfare State » dans la terminologie de Reich sont, pour leur part, collectivement condamnés au déclin, mais leur capacité de résistance au changement et de chantage sur la société leur offre un long sursis. Si la crise du travail était due à la mondialisation, il existerait un remède miracle : la scolarisation et l'amélioration de la qualification. Or, malgré les ratés des systèmes éducatifs, l'une et l'autre progressent au rythme du nombre d'étudiants, avec pour corollaire une élévation du niveau scolaire que seuls les nostalgiques contestent. Ce professionnalisme croissant n'empêche pas les inégalités professionnelles de se creuser. Exit donc l'explication idéologique par la « globalisation ».

C'est, en réalité, la classe moyenne qui se dissout sous le double effet des taux d'intérêt et de la spécialisation des emplois. Elle était née de la révolution fordiste ; elle s'était développée au rythme du Welfare State ; elle s'était enrichie grâce à l'inflation. La voilà qui se décompose face à une conjonction de facteurs inverses : la différenciation des emplois, le passage aux taux réels positifs, le déclin irréversible de l'Etat-Providence. Il s'y ajoute, autre forme d'héritage en pleine résurrection, un poids de plus en plus discriminant du capital culturel. Celui-ci garantit l'accès aux meilleures études, autant que la transmission des patrimoines la perpétuation de la richesse. Plus le système éducatif s'élargit, plus il devient discriminatoire, plus l'héritage culturel paraît essentiel.

Un grand rêve égalitaire est en train de s'effondrer, mais trop attachés au mythe du progrès technique pour lui faire grief de la société inégalitaire dans laquelle nous entrons, penseurs, politiques, fabricants d'idéolologie trouvent plus commode de la mettre au débit de la mondialisation. Celle-ci joue, au royaume des idées, le même rôle de bouc émissaire que les immigrés, aux yeux, souvent des mêmes, dans le débat social.

*

* *

Troisième risque pour la mondialisation : la tension entre l'uniformité apparente qu'elle engendre et l'aspiration croissante à l'identité. Une langue mondiale, esperanto des milieux tournés vers l'étranger, en l'occurrence un anglais de pacotille, à laquelle l'espagnol, pourtant deuxième langue véhiculaire aux Etats-Unis, et le français, même entouré de sa cohorte de pays francophones, ne peuvent opposer davantage qu'une résistance régionale. L'apparition d'un « média-monde » qui surplombe la scène médiatique, comme l'économie-monde de Braudel dominait le système économique, avec ses stéréotypes, son style d'information, ses *sit-coms* amorties aux quatre coins de l'univers, son ton, son allure, tous imprégnés des habitudes américaines, mais que les Américains eux-mêmes trouvent parfois exotiques. Un style de consommation de plus en plus semblable, de Moscou à Rio de Janeiro, de Pékin à Montréal ; une mode qui véhicule partout les mêmes fantasmes et les mêmes aspirations ; un genre de vie scandé par la télévision, le jean, le Coca... Pour ceux qui sont convaincus de l'existence d'un impérialisme culturel américain, en remplacement de leur impérialisme économique et monétaire, lui vacillant, les preuves ne manquent pas. La mondialisation suscite l'alignement des genres de vie, et les nationalistes de toute obédience s'en inquiètent.

Mais parallèlement à cette grande vague qui nous submerge et que les prophètes modernistes supposent irrésistible, l'aspiration identitaire connaît, elle aussi, un essor sans précédent, comme si la globalisation et la quête des racines, l'internationalisation et la volonté d'ancrage étaient, les unes et les autres, des phénomènes gémellaires. Le retour de l'identité est évidemment aussi divers que la mondialisation, elle, est monolithique : il se joue sur des modes infinis. Sur un mode agressif et violent avec la montée de l'intégrisme dans certaines sociétés islamiques qui voient paradoxalement les antennes paraboliques des télévisions ceindre les minarets, et les jeunes se vouloir d'autant plus militants qu'ils apparaissent les enfants du jean, du Coca et d'Internet. Sur un mode défensif avec la résistible ascension, en Europe, du populisme accompagné de remugles nationalistes et cocardiers. Sur un mode de décomposition, avec une variante violente, l'éclatement de la Bosnie, une modalité paisible, la parthénogenèse de la Tchécoslovaquie, des aspirations encore en devenir comme l'irrédentisme flamand, le « rattachisme » wallon, l'ambition écossaise. Sur un mode harmonieux, susceptible de marier l'extraversion et l'aspiration nationale, comme dans une Catalogne, ouverte et marchande, qui a su manier le levier de la mondialisation pour asseoir son autonomie par rapport à une centralisation castillane rognée, de la sorte, aux deux extrémités.

Sans la mondialisation, la vengeance des nations se serait-elle produite ? Elle est, dans une large partie de la planète, l'effet le plus naturel de la chute du communisme. Ce ne sont ni les marchés, ni les produits culturels américains, ni le libre-échange qui ont dressé les uns contre les autres les Azéris et les Arméniens, les Tchétchènes et les Russes, les Serbes et les Croates, voire les Albanais et les Grecs, les Grecs et les Bulgares. L'Histoire a simplement refait surface après un demi-siècle de congélation. Mais il faut, à tout irrédentisme, un fantasme fondateur. Le communisme ne sert plus à rien : qui se bat contre un ennemi mort ? Les Etats-Unis ne jouent le rôle de grand Satan que dans certains pays islamistes, et le plus souvent aux yeux de ceux qui ne rêvent sans s'en rendre compte que de séries télévisées américaines et de chevauchées en Arizona.

La mondialisation, elle, fait recette. Elle suscite plus facilement la haine ou l'hostilité que le mythe, un peu usagé, du bon vieil impérialisme américain. Omniprésente, elle est néanmoins insaisissable : ni signes extérieurs de puissance, ni symboles de pouvoir, ni aréopage militaire. Tutélaire, elle est invisible : ni manifestations de son imperium, ni décisions à appliquer, ni interprétations à contester. C'est une réalité, la plus ancrée des réalités, et ce n'est qu'une idée. Contradiction sans précédent, car les sociétés se rebellaient, jusqu'à présent contre un pouvoir, une mainmise, une classe dominante ou un régime, jamais contre un concept. De là l'étrangeté de la situation : moins la mondialisation se manifeste de façon tangible, plus elle polarise les angoisses et les inquiétudes, renforçant le désir de protection et donc l'aspiration identitaire.

Au débouché de cette tension — de cette dialectique, auraient dit les marxistes — se dessinent deux voies. L'une, harmonieuse : la globalisation profite aux petites nations et aux entités décentralisées. A l'échelle des enjeux mondiaux, la Slovénie, la République tchèque ou le Portugal pèsent autant que la France ou l'Espagne, et l'Alsace ou la Bretagne peuvent trouver leur équilibre, même avec un Etat français sur le recul. C'est l'exemple catalan. L'autre, conflictuelle : les tendances à la fermeture au monde se renforcent, et comme l'isolationnisme est, dans les faits, interdit, les frustrations ne cessent de s'accentuer sans qu'apparaissent les voies et moyens d'échapper à ce cercle vicieux. L'alternative ne sera pas aussi tranchée. Les deux évolutions cohabiteront, mais ce sera naturellement la plus noire qui donnera le « la » idéologique.

*
* *

Aucune logique économique ne peut s'opposer à la mondialisation, ni lui servir d'alternative. Il n'existe plus d'autre mode de développement : tous ont été engloutis par leurs impasses et leurs propres erreurs. Le marché-roi n'a rien à craindre, le monde lui appartient et chaque jour renforcera son emprise. Mais cette toute-puissance est aussi la source de sa fragilité. La supposer éternelle, c'est admettre qu'aucun spasme stratégique de grande ampleur ne se produira à vue humaine : pari aléatoire... C'est aussi faire fi des procès en sorcellerie que la globalisation ne cessera de provoquer. Quelle illusion d'imaginer qu'ils correspondent à une contestation transitoire et que l'humanité applaudira, sans relâche, le triomphe des échanges et le couronnement de la libre concurrence ! L'explosion inégalitaire sera une tunique de Nessus, la mondialisation ne s'en libérera pas avec facilité, et le rêve identitaire deviendra au mieux un antidote, au pire un poison.

Incontestée dans le champ de l'économie, la mondialisation pourra être soit victime d'un accident stratégique, soit transformée en bouc émissaire pour des injustices et des malaises qu'on mettra à son débit et dans lesquels elle n'aura joué qu'un rôle marginal. Rien n'est plus difficile que de combattre rationnellement l'irrationnel. Face à ceux qui hurlent à « l'horreur économique »[1], la « pensée unique » est mal outillée. Les armes de la raison manquent de chaleur et d'humanité. Dans une société de plus en

1. Le succès de l'essai de Viviane Forrester mesure, à sa manière, la profondeur du refus irrationnel de la mondialisation.

plus émotive, quel handicap ! On ne meurt pas pour le marché-roi. Ce sont à la fois sa grandeur et son péché originel. Au moins peut-on envisager de mourir pour l'Europe...

Chapitre 2

Le bouclier européen

Le politique, victime expiatoire du marché-roi et de la mondialisation : pour les thuriféraires de la libre circulation des capitaux et des produits, ce n'est pas une mince victoire de voir, sur la défensive, pouvoirs publics et administrations. La prophétie de Hayek se serait-elle accomplie et la période serait-elle révolue, qui avait offert la primauté à un illusoire « constructivisme », c'est-à-dire à l'ambition politique de prévaloir, dans l'organisation de la société, sur le jeu naturel du marché ? L'Europe n'a cessé d'être un démenti vivant face à ces prophètes, et l'instauration de l'euro une injure suprême.

Voici les gouvernements européens, devenus suivant un pont aux ânes symboles d'impuissance et de pusillanimité, qui imposent aux marchés une monnaie, se jouent de l'hostilité que ceux-ci n'ont cessé de manifester, spéculation à l'appui, à un tel projet et fixent l'avenir contre la dynamique naturelle de la mondialisation ! Le nez sur l'obstacle, l'obsession des critères de Maastricht à l'esprit, nous finissons par oublier ce phénomène incroyable : des gouvernements qui, par leur seule volonté, imposent une révolution aux marchés et ceux-ci, après avoir multiplié escarmouches et batailles d'arrière-garde, de rendre les armes et de se préparer, avec la minutie technique qui les caractérise, à l'avènement de l'euro !

La monnaie unique n'est, certes, pas née du rejet des marchés et de leur philosophie ; elle n'a pu se muer, peu à peu, en réalité qu'à travers la capacité des gouvernements de respecter, à la lettre, la philosophie de la mondialisation financière : ni inflation, ni déficits publics prohibitifs, ni dettes insupportables. C'est, au moment où l'euro est devenu le garant d'une gestion macroéconomique orthodoxe, que les marchés l'ont légitimé. De cette incroyable aventure, la leçon est limpide. Nos pays peuvent retrouver des marges de liberté, à condition de se conformer aux principes d'une économie mondialisée. C'est en s'y lovant, en s'y glissant, que nous préservons notre quant-à-soi. La sanction tombe, en revanche, brutale sur ceux qui ne respectent pas les canons de la théologie financière. Le Fonds monétaire international arrive, avec sa pharmacopée classique, dévaluation, récession, baisse temporaire du pouvoir d'achat.

La construction européenne offre le meilleur exemple de la pratique de judoka qu'autorise la mondialisation, prendre appui sur ses propres faiblesses, se corriger et se trouver, ainsi, de façon presque naturelle en position de force. L'Europe est un bouclier contre les aspects négatifs de la mondialisation, à condition d'en avoir, en revanche, tiré le meilleur profit et de s'y être, de plain-pied, intégré.

*

* *

Le 10 novembre 1989, au lendemain de la chute du Mur, la construction européenne traditionnelle avait fait long feu. Elle a eu, en effet, pour père bien davantage que Jean Monnet, Joseph Staline. C'est la peur du communisme qui avait poussé à la création d'une entité solidaire à l'ouest du rideau de fer et qui en assurait la cohésion. C'est elle qui avait transformé une Allemagne, puissance géographiquement centrale du continent, en meilleur élève de la classe occidentale. C'est toujours elle qui maintenait un lien de subordination avec les Etats-Unis devenus, *nolens volens*, les garants du processus communautaire. Avec pour adversaire une Union soviétique perçue par nous comme éternelle, l'Europe avait le temps. Elle pouvait alterner avancées et reculs, percées et défaites, inventer le traité de Rome pour effacer l'échec de la CED, jouer pendant des décennies avec l'idée d'une union monétaire sans passer à l'acte, s'élargir à son rythme et s'accommoder des foucades britanniques sans se sentir menacée. L'Histoire avait le bon goût d'attendre l'Europe, et l'autre moitié du continent distillait, chez nous, une mauvaise conscience dont nous nous accommodions, trop heureux de nous tenir chaud les uns les autres, entre Européens de l'Ouest.

Une fois l'Allemagne unifiée, l'Union soviétique redevenue une Russie aussi encombrante et désarçonnante pour les autres Européens qu'elle l'était, il y a un siècle, et l'Histoire ayant réinventé le sens de l'urgence, nous nous sommes trouvés face à deux interrogations : où se situe la frontière orientale de l'Europe ? La Russie est-elle européenne ? Ces questions ne sont toujours pas tranchées.

Depuis six ans, mais cette fois-ci sur un mode paisible, l'Europe se familiarise avec une vieille vérité. Il n'existe pas de question européenne, il n'existe qu'une question allemande. L'Allemagne divisée ne pouvait mener qu'une politique : la construction de l'Europe occidentale sous la protection américaine. Unie, elle récupère sa liberté de choix et sa seule décision suffit à fixer l'avenir de l'Europe.

Première voie : la perpétuation du modèle antérieur, c'est-à-dire l'approfondissement de l'intégration à l'ouest du continent, à partir du lien privilégié avec la France. C'est l'Europe carolingienne nouvelle manière. Le jeu est certes moins aisé qu'auparavant, car cette Europe carolingienne doit à la fois trouver une formule pour ne pas laisser l'Europe de l'Est sur le bord du chemin, établir un *modus vivendi* avec la Russie, et participer à la stabilisation d'un ensemble méditerranéen éruptif. Mais au nom de la vieille règle de la construction communautaire — le mouvement se prouve en marchant —, l'Allemagne favorise une intégration accélérée. Ce sont Maastricht, l'abandon du mark et l'incroyable acceptation d'une banque centrale européenne avec un gouverneur par pays, sans la moindre pondération en fonction de la puissance économique et monétaire. Lorsqu'ils fulminent contre l'arrogance allemande, les Français devraient se demander si, placés dans la même situation, ils auraient accepté un tel abandon de souveraineté...

Deuxième voie : l'Allemagne privilégie une grande zone marchande de Brest jusqu'à l'Oural, articulée autour d'une économie tutélaire, la sienne, forte d'un marché domestique de 140 millions d'habitants puisque élargi aux pays de la Mitteleuropa, et appuyée sur une monnaie dominante, le mark. De cette Europe-là, l'Allemagne représente naturellement le cœur et le poumon. Entendons-nous bien : cette tentation n'est pas la résurrection de l'Empire bismarckien, avec l'économie comme fer de lance, à la place de la puissance militaire ; c'est une résurgence, d'essence économique, d'un nouveau Saint-Empire romain germanique. Europe carolingienne ou Saint-Empire romain germanique ? Etranges réminiscences pour une Allemagne, dans l'une ou l'autre hypothèse, exemplairement démocratique.

C'est, en effet, le pays probablement le plus démocratique d'Europe qui a, entre ses mains, le destin du continent. Si la démocratie ne se mesure pas seulement à l'organisation du système politique mais à l'intensité des pouvoirs et contrepouvoirs, partout dans la société, l'Allemagne ne connaît pas de rivale. Le Bund et les Länder, la cogestion dans les entreprises, l'existence d'acteurs sociaux puissants, la présence d'organismes d'intérêt général actifs, depuis les Eglises jusqu'aux fondations et associations caritatives, la diversité du système de médias : autant de mécanismes qui contribuent à un fonctionnement complexe, lent, consensuel et hyperdémocratique du pays. Ni l'Angleterre, dont la démocratie n'a guère débordé le champ institutionnel, ni la France engoncée dans sa monarchie présidentielle, ne soutiennent la comparaison. Davantage encore que le poids du passé et le sentiment de responsabilité, c'est cette intensité démocratique qui explique l'action prudente et réfléchie de l'Allemagne dans la vie internationale.

Les autres Européens n'ont pas mesuré, à sa juste valeur, le miracle d'années d'unification paisibles et douces. Secouée, en son temps, par l'arrivée d'un million de pieds-noirs, la France ne s'est pas rendu compte que les Allemands avait intégré dix-sept millions de « pieds-noirs de l'Est ». De même, obsédés par une immigration clandestine de quelques dizaines de milliers de personnes, n'avons-nous pas apprécié la manière dont la République fédérale a su accueillir plusieurs centaines de milliers d'arrivants par an, les uns bénéficiaires de la loi du retour qui garantit la nationalité à tous ceux qui peuvent se réclamer de deux grands-parents allemands, les autres immigrés légaux, immigrés clandestins, en provenance de l'Est et réfugiés politiques qui ont profité, jusqu'à 1995, d'un droit d'asile inconditionnel. Pendant ces années de bouleversements, la xénophobie n'a pas pris racine, le populisme ne s'est pas développé et l'extrême droite n'a pas décollé de son étiage historique. Quelle formidable leçon de maturité et de démocratie !

Dès 1990, jamais explicites, toujours présentes, les deux tentations se sont exprimées. Il suffisait, pour les percevoir, d'écouter les propos de ces grands Européens qu'étaient Richard von Weiszäcker, le président fédéral, Hans Dietrich Genscher, l'inamovible ministre des Affaires étrangères, et naturellement le chancelier Kohl. Prussien de Königsberg, le premier exprimait une vision très ouverte vers l'Est. Saxon, le second mettait davantage l'emphase sur la Mitteleuropa. Rhénan, le troisième gardait le cœur tourné vers l'Ouest. Quant à l'opinion, tout à sa joie de retrouver un horizon familier vers l'Est, elle manifestait une moindre solidarité occidentale. De plus, le sentiment, erroné, d'une paix désormais éternelle, la rendait moins sensible aux impératifs de sécurité. Etrange situation d'un chancelier plus classiquement proeuropéen que son gouvernement, celui-ci davantage que les élites économiques, et ces dernières davantage que l'opinion.

Il n'aurait pas fallu un significatif coup de barre pour que l'Allemagne prenne la voie centrale, et l'Europe avec elle. Sans déclaration, sans revirement stratégique, sans dramatisation, il suffisait qu'elle se contente de laisser les choses aller et de ne donner aucune impulsion nouvelle à la construction communautaire. L'entropie qui avait toujours affecté le processus européen semblait encore plus menaçante après le 9 novembre 1989 et la seule inaction aurait naturellement conduit l'Europe sur sa ligne de plus grande pente, un espace mou autour d'une zone d'influence allemande. C'était la logique de l'Histoire. La parenthèse de l'après-guerre fermée, chacun aurait retrouvé sa place dans un climat devenu pacifique. Cette tentation-là, la plus naturelle pour l'Allemagne, n'a pas prévalu par la volonté d'un seul homme, Helmut Kohl. Une fois l'unification menée à la hussarde, il a immédiatement donné une impulsion classiquement proeuropéenne, mettant ses actes en accord avec son slogan d'une « Allemagne unie dans une Europe unie ». Angoisse historique d'un homme qui se plaît à rappeler qu'entre la signature du pacte Briand-Stresemann et l'avènement de Hitler ne se sont écoulés que sept ans ? Méfiance d'un Rhénan à l'égard de l'Allemagne et de ses tropismes de puissance centrale ? Attachement viscéral à une réconciliation franco-allemande qui, sans nouvelle initiative, se serait étiolée ? Autant de réflexes qui ont poussé le chancelier à entrer dans le jeu que lui offrait François Mitterrand et à utiliser l'union monétaire comme un nouvel acte de naissance de la construction communautaire. Pourquoi la monnaie et pas la défense ? Parce qu'elle était plus naturelle au regard d'une démarche dominée par l'économie, plus rapide à instaurer et sans doute plus à même de créer un phénomène irréversible.

La monnaie unique change la donne, pour les Européens, vis-à-vis de la mondialisation, mais cet objectif-là n'a joué aucun rôle dans la décision des Allemands et des Français de la porter sur les fonts baptismaux, ce qui témoigne encore davantage de la capacité du pouvoir politique de prendre l'ascendant, dans des circonstances exceptionnelles, sur les marchés. Les motifs ne devaient rien à l'économie. La réalisation, elle, a dû suivre un chemin critique, empreint de respect pour les critères et les exigences d'une économie mondialisée. Telle qu'elle déroulait ses œuvres et ses fastes, la mondialisation ne supposait en rien l'avènement d'une monnaie européenne. Bien au contraire. Seuls un concours de circonstances, la volonté des hommes d'Etat et surtout de l'un d'entre eux, et une grande habileté tactique auront abouti à cette gestation contre nature. C'est dire que si un accident brutal compromettait la démarche, le projet sombrerait corps et biens, tant il va à rebours des pesanteurs historiques et des effets naturels du laisser-aller.

Projet éminemment collectif, la monnaie unique dépend du seul choix allemand. Le paradoxe est désagréable pour les autres Européens, et en particulier la France. Ce n'est le résultat ni de l'imperium germanique, ni de notre faiblesse, mais d'une situation de fait. L'Allemagne a la capacité de choisir entre l'Empire carolingien et le Saint-Empire romain germanique. L'Angleterre peut se contenter d'une union européenne molle, vaste zone de libre-échange dont elle profite, tout en maintenant ses liens atlantiques et en tirant parti du statut de centre financier *off shore* de Londres. Quelle alternative s'offre à la France par rapport à l'Union européenne ? Sur quelle Mitteleuropa peut-elle se rabattre ? Sur les pays latins ? Proeuropéens comme ils le sont, ils ne se laisseraient jamais entraîner sur des chemins de traverse. Sur le Maghreb ? « Combien de divisions » offre-t-il dans la compétition mondiale ? Sur la Grande-Bretagne ? Friande des actions de revers et toujours attachée à semer la zizanie entre puissances continentales, elle ne se laisserait pas lier par une « entente cordiale » trop exclusive.

Si l'Allemagne avait choisi la voie de la grande Europe, la France n'aurait eu d'autre solution que d'être soit marginalisée, soit satellisée. Dès lors que notre voisine d'outre-Rhin persévère dans l'approche carolingienne, notre intérêt est limpide, créer de l'irréversible, figer la monnaie unique pour nous mettre à l'abri d'un tête-à-queue germanique. Rien n'est en effet définitivement acquis. Une crise politique à Bonn, une récession devenue insupportable, un chômage déstabilisateur, une poussée d'adrénaline de l'opinion, une mauvaise volonté trop marquée de la part des Français : les hoquets ne manquent pas, qui pourraient provoquer le report de l'euro, c'est-à-dire son enterrement, et avec lui celui de la construction européenne. Il s'en est fallu de quelques électeurs français dans un référendum mal engagé et mal conduit en 1992 pour mettre presque à bas l'édifice. Les aléas demeurent menaçants et innombrables ; la période de hautes turbulences ne sera pas close le 4 mai 1998, lors du lancement de l'euro. Jusqu'à la mise en circulation des billets en 2002, le recul est techniquement possible, même s'il devient, chaque mois, plus traumatique et donc moins plausible.

Rarement un destin ne se sera joué en quelques mois et à une date annoncée. Il ne s'agit pas, suivant un mot de Bismarck cher à Kohl, « lorsque Dieu arpente les sentiers de l'Histoire de l'attraper par les bords de la chemise », mais d'accomplir, à un moment précis, un acte réfléchi et prédéterminé. C'est, en théorie, plus aisé ; en pratique, rien n'est moins sûr...

Avec la priorité à l'Europe carolingienne et à la monnaie unique, l'Union européenne n'aura pas réglé tous ses problèmes : vagues de nouvelles adhésions ; modes de fonctionnement d'une organisation de plus en plus complexe qui, privée de précédents, doit s'inventer elle-même ; quête d'un équilibre entre un pouvoir politique en gestation et une banque centrale omniprésente ; capacité de surmonter les difficultés aujourd'hui imprévisibles du saut dans l'inconnu que représente l'euro ; recherche d'une articulation avec un pacte atlantique lui-même en permanent renouvellement ; établissement d'une relation stable avec la Russie ; définition d'un *modus vivendi* avec les pays mitoyens comme l'Ukraine ; et ce sans compter les problèmes plus récurrents et mieux connus de la réforme de la politique agricole commune, de la bataille entre bénéficiaires et pourvoyeurs de la manne communautaire, de l'amélioration des règles de concurrence...

Mais un changement de nature se sera produit et toutes les questions apparaîtront sous un jour différent : l'Europe sera à la fois carolingienne et marquée au sceau du Saint-Empire. Elle s'articulera à partir d'une zone intégrée à l'Ouest dont l'attraction jouera sur le reste du continent, et qui servira d'aimant à un vaste espace de libre échange ouvert vers la Russie, la Turquie et le Moyen-Orient. Sera-ce le décalque de la grande Amérique, avec cette Europe carolingienne à la place des Etats-Unis ? Non, car l'Europe de l'Est et la Russie sont des appendices beaucoup moins confortables que le Brésil ou l'Argentine. Dans la nouvelle donne qui voit riches et pauvres s'intégrer au sein d'une même économie-continent, l'Europe est la plus mal lotie. Par rapport à l'Amérique ou à l'Asie, elle a hérité des « moins bons pauvres », ceux dont le développement représente un relais de croissance aléatoire, et qui manifestent le moindre dynamisme entrepreneurial.

Nous devons nous libérer d'une illusion : à vue humaine, l'est du continent ne rejoindra pas, en termes de niveau de vie, l'ouest. L'Allemagne a dépensé 1 000 milliards de marks pour élever à son niveau 17 millions d'habitants, soit 3 400 milliards de francs. Même s'il s'agissait de l'objectif le plus ambitieux possible, en l'occurrence l'alignement sur la population d'Europe la plus riche, un calcul approximatif montre que, pour 350 millions d'Européens de l'Est, et avec pour perspective un niveau de vie de moitié inférieur à celui de la partie ouest du continent, l'addition est hors de portée. A la différence de l'action en faveur des Länder de l'Est, aucune bonne fée n'est prête à faire l'effort budgétaire requis, et les marchés de capitaux ne sont pas disposés à investir de tels montants dans une région aussi incertaine. De là, une Europe orientale et surtout une Russie qui verra cohabiter des pans d'activités intégrés dans l'économie mondiale, surtout quand les Russes accepteront de concéder à l'Occident l'extraction de leurs ressources minérales et pétrolières, une économie de subsistance et une économie interlope, à la limite de l'illégalité, jouant à passe-muraille avec les réglementations et les contrôles d'importations.

Hormis le cercle étroit des pays d'Europe de l'Est, Pologne, Hongrie, République tchèque, Slovénie et pays baltes qui deviennent peu à peu parties intégrantes du marché intérieur allemand et où les industriels germaniques se plaisent à délocaliser leurs productions, pour profiter d'une main-d'œuvre aussi bon marché qu'en Tunisie, aussi efficace que dans la Ruhr et à deux heures de camions de Munich ou de Hambourg, hormis donc ces « Länder d'adoption » en matière économique, l'est du continent, Russie et Ukraine en tête, sera un moins efficace relais de croissance que l'Amérique du Sud pour les Etats-Unis et *a fortiori* l'Indonésie ou la Malaisie pour le Japon.

Née d'un improbable miracle, l'Europe carolingienne n'apporte que des réponses partielles à la mondialisation avec une monnaie unique, susceptible de forcer le système monétaire international à une meilleure organisation. Mais, au jeu des avantages comparatifs entre les trois grandes zones mondiales, le fardeau de l'est du continent nous handicape davantage qu'il nous entraîne dans le cercle vertueux de la croissance.

*

* *

Quel est cet univers de l'euro qui nous attend, à la fois proche et surprenant ? Pourquoi, fruit d'une volonté stratégique indifférente à la mondialisation, nous servira-t-il de bouclier ? Quelles contraintes va-t-il exercer sur notre vie économique ? Quelles mutations initiera-t-il ?

A un semestre du lancement de la monnaie unique, nous sommes encore aveugles. Obsédés par le débat sur le respect des critères et la liste des participants, nous nous laissons égarer. Or cette dernière question paraît aussi complexe que sa solution sera pourtant naturelle. En théorie, le jeu semble bloqué : les Allemands ne veulent pas, au 1er janvier 1999, des pays du « Club Med », Italie, Espagne, Portugal, par peur de voir la monnaie unique s'éloigner de la « culture de stabilité » qui leur est chère. Mais à l'inverse, un ostracisme de principe à l'égard des Latins est incompatible avec la philosophie communautaire. Les Espagnols se sentiraient humiliés de voir les Portugais entrer avant eux et les Italiens feraient une syncope nationale si l'Espagne les précédait. L'équation est-elle insoluble ? S'y ajoute l'inconnue encore plus fondamentale sur la capacité de l'Allemagne et de la France de respecter les fatidiques 3 %.

Je prends néanmoins le pari : après six mois de discussions enfiévrées, de demi-phrases, d'excommunications et de polémiques, l'empirisme et le bon sens prévaudront. A coups d'annulations de crédits en fin d'année et d'une mini-dérogation si le déficit dépasse de 0,2 à 0,3 % la barre, Français et Allemands seront au rendez-vous. Au moins un pays du Sud, en l'occurrence le Portugal, participera au premier train, de manière à éviter l'accusation de discrimination anti-latine, sans affoler l'opinion allemande. L'Italie bénéficiera d'une adhésion conditionnelle, sous réserve de remplir, pendant un ou deux exercices, les exigences relatives au déficit, ce qui lui permettra d'être présente au moment de l'heure H, c'est-à-dire de la mise en circulation des billets. Quant à l'Espagne, elle sera sur le fil du rasoir pour être admise le 4 mai 1998 ; elle devrait néanmoins y parvenir, sous peine de subir pendant un an le même exercice probatoire que les Italiens.

Comme à l'accoutumée, les Anglais finiront par rejoindre le peloton, au plus tôt en 2001, de façon à participer au *big bang* des billets le 1er janvier 2002 et au plus tard en 2002 ou 2003, une fois les plâtres essuyés par leurs partenaires. Le débat le plus vif avec eux portera moins sur la date que sur la parité d'entrée. M. Blair sera aussi acharné pour réclamer son « chèque monétaire », gage d'un avantage de compétitivité, que Mme Thatcher en son temps pour obtenir son « chèque budgétaire ». Ce sera l'occasion d'un affrontement entre Français et Allemands, sans commune mesure avec leurs habituelles bisbilles. Désireux de desserrer l'étreinte germanique, les premiers seront prêts à payer la rançon, en termes de parités, réclamée par les Britanniques. Réticents devant l'idée de voir ces derniers, une fois présents dans l'euro, prôner une politique monétaire moins classique, les seconds essaieront de faire la sourde oreille. Mais la politique finira par prendre le dessus sur l'économie, et la Grande-Bretagne rejoindra...

Scénario idyllique, rétorqueront les anti-maastrichtiens : tout le monde est beau et gentil ; chacun trouve sa place et l'euro attire les pays, tel le joueur de flûte du conte. A leurs yeux, c'est impossible : même décidée en 1998, la monnaie unique connaîtra crises et secousses et laissera des blessés sur le carreau. Que chacun prenne ses risques ! Qu'on permette à un « archevêque de la pensée unique » de croire que le plus dur a été accompli, et qu'au-delà des affrontements rhétoriques d'usage, le processus s'accélérera et le prosélytisme triomphera, en attirant l'un après l'autre les principaux pays de l'Union.

Ce n'est donc pas la transition qui soulève l'inquiétude. Les incertitudes sont ailleurs. Première question : quelle position l'euro occupera-t-il au sein du système monétaire international ? C'est, en termes plus prosaïques, le débat sur un euro fort, faible ou stable. Si l'euro réussit, la rente du dollar sera atteinte, c'est-à-dire la situation hors normes qui prévaut depuis la fin de l'étalon de change or et qui permet à la fois aux Etats-Unis de disposer des avantages de compétitivité d'une monnaie sous-évaluée, de financer leur déficit externe avec de bas taux d'intérêt et donc de bénéficier d'un surplus de croissance. Un pays déficitaire est, en règle générale, obligé de payer une prime pour attirer les capitaux, au risque d'obérer ses perspectives de croissance. Seule monnaie de réserve mondiale, le dollar est exonéré de cette contrainte par des créditeurs tellement attachés à son statut de devise-refuge qu'ils acceptent, de lui, ce qu'ils refusent à tout autre. Pour la première fois, ce privilège exorbitant risque d'être écorné.

Nul ne peut aujourd'hui prévoir les transferts des détenteurs de capitaux, du dollar vers l'euro, mais deux évidences s'imposent : le montant des investissements en euros sera égal ou supérieur à la somme des placements dans les devises qui le constitueront, et la monnaie d'une zone créditrice bénéficiera naturellement d'un préjugé favorable vis-à-vis de la devise d'une zone débitrice. Ces deux seuls facteurs pèseront sur le dollar, fût-ce dans des proportions inconnues, ce qui devrait obliger les autorités monétaires américaines à une politique plus sévère de taux d'intérêt avec pour résultat de pousser leur devise à la hausse, pour le plus grand bonheur des exportateurs européens. N'est-ce pas cette situation que les marchés ont commencé à anticiper ?

Le niveau relatif du dollar et de l'euro dépendra aussi de l'action de la banque centrale européenne. Fera-t-elle prévaloir une doctrine proche de l'idéologie de la Bundesbank axée sur la stabilité des prix ou pratiquera-t-elle une démarche voisine de la FED américaine qui s'estime autant en charge de la croissance que de la lutte contre l'inflation ? Le traité de Maastricht impose, en théorie, une approche allemande mais la jurisprudence, chacun le sait, fera foi. Impossible aujourd'hui de l'anticiper. Les équilibres entre les membres du Conseil, sans le moindre ascendant juridique pour le représentant allemand, l'apparition d'un lobby latin davantage obsédé par l'expansion que les pays du Nord, l'hypothétique présence de la Grande-Bretagne dont les envoyés à Francfort seront marqués par une vieille tradition de manipulation des taux d'intérêt et des parités à des fins commerciales, la volonté de la nouvelle institution d'asseoir son indépendance vis-à-vis des pouvoirs politiques : tous ces facteurs pèseront sur la philosophie monétaire de la banque centrale européenne et détermineront sa politique de taux.

Le pronostic est donc aléatoire, même si nous disposons aujourd'hui d'une première validation expérimentale : depuis qu'ils ont considéré comme acquise la réalisation de l'euro, c'est lui que les marchés cotent sous couvert du mark. Quelle meilleure preuve de leur attitude que la conviction, unanimement partagée, d'une envolée de la devise allemande si l'euro échouait ? L'euro est donc moins fort que le mark vis-à-vis du dollar, avant même que sa création ne provoque une hausse des taux américains, comme si, avec leur prescience à la fois fruste et géniale, les marchés avaient intégré le déroulement ultérieur du processus. Voilà en termes macroéconomiques l'équivalent d'un point de croissance gagné pour l'Europe ! Dépossédés du privilège qu'ils avaient tiré de l'instauration des changes flottants, les Américains iront-ils jusqu'à remettre en cause l'absence de règles et à devenir militants, non des parités fixes, désormais hors de l'épure, mais de parités régulées à travers un mécanisme analogue, à l'échelle mondiale, à ce que fut pendant près d'un quart de siècle le SME[1] ? Ce ne sera pas l'idéologie qui les

1. Système monétaire européen.

mettra en mouvement mais une saine lecture de leurs intérêts : si le dollar évolue à un niveau incompatible avec leurs impératifs commerciaux, les partisans les plus farouches des changes flexibles se mueront, sans crier gare, en organisateurs d'un nouvel ordre monétaire international. Qui s'en plaindra ? Les Européens ont trop souffert des variations erratiques de leurs devises par rapport au dollar, pour ne pas accueillir avec joie, le moment venu, les nouveaux convertis d'outre-Atlantique.

Deuxième question : quels instruments macroéconomiques survivront-ils ? Qui en aura, désormais, la maîtrise ? Privés d'une politique monétaire aux mains d'une banque centrale dont l'action relèvera d'une alchimie aujourd'hui imprévisible, les pouvoirs publics ne disposeront dans aucun pays de la manette du déficit public. Ils imputeront ce dessaisissement, vis-à-vis de leur opinion publique, aux contraintes du pacte de stabilité, mais la réalité est tout autre : après vingt ans d'intempérance budgétaire, le moment est venu de solder les comptes. Maastricht ou non, nos économies avaient atteint la limite en matière de dette publique. Le couperet serait certes tombé de manière moins caricaturalement chiffrée, mais au jeu des apparences près, le résultat aurait été le même. Sans levier monétaire, sans pédale budgétaire, les gouvernements sont-ils condamnés à l'impuissance ? Ils devront changer de terrain et chercher à infléchir le rythme d'expansion et à grappiller un demi-point ou un point supplémentaire de croissance, à travers des réformes de structure. Les voilà entraînés sur une voie plus délicate que l'éternel maniement du robinet des finances publiques !

L'alibi aura disparu, qui leur permettait de se dispenser d'actions politiquement coûteuses, puisque destinées à bousculer des intérêts, en se réfugiant derrière la facilité d'un illusoire interventionnisme macroéconomique. L'équilibre entre l'emploi et le salaire direct, la répartition entre salaire direct et indirect, le taux de prélèvement, le mode de redistribution, la flexibilité du marché du travail, le statut du créateur d'entreprise, la pondération entre compétition et protection, l'effort de recherche-développement, l'efficacité du système éducatif, voilà, désormais, les terrains où la puissance publique devra agir. Le jeu est plus complexe qu'à l'époque où elle manipulait à son gré les taux d'intérêt et réglait le débit des flux budgétaires. Elle connaissait le confort douillet de l'autoritarisme ; elle doit désormais négocier avec les acteurs sociaux, se préoccuper des réactions de la société, ruser avec l'opinion. Mais par une étrange habileté de l'Histoire, l'impuissance macroéconomique des Etats les obligera enfin à s'occuper de l'essentiel.

Ce sont les mécanismes mêmes de la compétition à l'intérieur de l'Europe que l'euro modifie. La concurrence va évidemment se déplacer des entreprises aux systèmes socio-économiques. Jusqu'alors la bataille se déroulait entre entreprises sur les marchés, et au-delà de leurs discours traditionnels sur le poids des charges et l'excès de réglementation, celles-ci étaient assez indifférentes à la manière dont leur pays était géré, dès lors que les gouvernements ne basculaient pas dans l'irrationnel. Désormais, les Etats membres seront en concurrence brutale. Le niveau d'impôt sur les personnes physiques, l'ampleur de la redistribution, la formation de la main-d'œuvre, l'existence de lieux d'excellence universitaires, l'environnement législatif, le climat social, tous les ingrédients, qui déterminent aujourd'hui le choix des industriels non européens quand ils décident de s'implanter sur notre continent, deviendront décisifs pour les Européens eux-mêmes. Pour les entreprises naturellement, qui géreront leur outil de production, de façon enfin intégrée et optimiseront usines et ateliers en fonction du contexte national. Pour les cadres, les étudiants, les personnels les plus éduqués dont la mobilité s'accroîtra. Mais aussi pour les travailleurs de qualification moyenne, voire les chômeurs qui n'hésiteront pas à aller d'un Etat membre à l'autre. Seul le lumpen salariat, les travailleurs peu qualifiés, les exclus seront, à l'instar des agriculteurs, vissés à leur sol d'origine.

A défaut de s'ajuster à travers les taux de change, les économies des Etats membres trouveront leur équilibre dans un niveau d'emploi et de revenu compatible avec les écarts de productivité et d'efficacité qui pourraient subsister entre eux. Résultat inattendu de la monnaie unique, nos Etats seront pris dans une course au réformisme, sous peine de prendre les uns par rapport aux autres du retard. Ce sera, pour la France, un nouvel avatar de sa démarche réformatrice. Depuis le traité de libre-échange de Napoléon III jusqu'à l'euro, en passant par les étapes du traité de Rome, du maintien en 1983 dans le système monétaire européen et de l'instauration du grand marché, le processus est toujours le même : le gouvernement impose brutalement au pays une contrainte internationale, et cahin-caha, la société française s'y conforme et y trouve les ressorts d'une modernisation. La méthode, plus proche du forceps que du consensus, n'est peut-être ni la plus démocratique, ni la plus naturelle, mais en l'absence d'acteurs sociaux prêts à cogérer l'intérêt général avec l'Etat, c'est la seule possible. Ainsi l'euro sera-t-il, pour nous Français, une puissante astreinte à la modernisation, sous peine de nous marginaliser au sein de l'Europe carolingienne, au même titre que ceux des Etats américains, qui n'ont pu suivre le développement du Texas ou de la Californie, ont connu le déclin.

Cette modernisation ne rime pas avec l'alignement sur un modèle unique, importé, sous couvert de mondialisation, des Etats-Unis. Il existe en Occident deux organisations possibles pour la société. L'une, de type anglo-américain, assure une bonne croissance économique, une baisse drastique du chômage, un revenu moyen stagnant avec d'immenses inégalités et un niveau restreint de protection sociale. Implantée en Europe du Nord avec les Pays-Bas aujourd'hui et hier avec les Länder de l'ouest de l'Allemagne, l'autre organisation sociale s'accompagne d'une croissance légèrement moins forte, d'un chômage à peine plus important, mais d'un revenu moyen plus élevé et d'un Etat-Providence plus protecteur et plus efficace. Le scénario anglo-américain va de pair avec une gestion macroéconomique assez peu orthodoxe, alors que le modèle néerlandais ou allemand est conforme aux canons de la « pensée unique » ; mais, dans une zone euro où les Etats seront incapables de définir leur style de politique économique, cet élément-là du débat sera devenu suranné : tout le monde sera en effet contraint au sérieux !

Témoignage de la liberté de choix de nos Etats, ni le traité de Maastricht, ni le pacte de stabilité n'imposent un plafond aux prélèvements fiscaux et sociaux. Le déficit est limité à 3 %, mais il peut par exemple résulter soit de dépenses publiques de 60 % et de recettes atteignant 57 %, soit de dépenses limitées à 35 % avec des recettes de 32 % : dans un cas et dans l'autre, le contrat social n'est pas le même... Ainsi l'Europe verra-t-elle cohabiter des Etats membres avec des modèles sociaux très différents. Ils seront en compétition entre eux, et les sociétés civiles choisiront plus ou moins d'efficacité et plus ou moins de solidarité. Une société à l'américaine se conçoit avec un prélèvement fiscal de type lui aussi américain ; une société suédoise avec une lourde fiscalité nordique ; mais une société américaine avec une fiscalité à la suédoise ressemble à une impasse : serait-ce la nouvelle exception française avec la juxtaposition de poches d'exclusion quasi américaines et d'impôts quasi suédois ? La monnaie unique dévoilera les contradictions des Etats et mettra fin, de ce point de vue, aux arrangements et aux compromis qu'ils passaient avec eux-mêmes. Chacun apparaîtra dans sa vérité, comme les entreprises face au marché boursier, et l'émulation jouera entre pays avec une intensité qu'aujourd'hui encore ils sous-estiment. Cette compétition entre Européens les aidera tous à s'adapter aux exigences de la mondialisation : l'Europe est le meilleur des boucliers, parce qu'elle devient l'instrument du changement.

*
* *

Jusqu'à présent, l'Europe pouvait se vanter d'offrir au monde le meilleur modèle en termes de « couple compétition protection ou efficacité solidarité » : un peu moins compétitif que le système américain mais nettement plus protecteur ; un peu moins efficace mais tellement plus solidaire. Cette originalité pourra-t-elle survivre à la lame de fond de la mondialisation et à la pression des marchés ? L'euro suffira-t-il à préserver cette identité européenne ? Si l'idée d'un bouclier équivaut au rêve d'une déconnexion, par rapport au reste du monde, c'est une pure illusion. S'il s'agit d'atténuer le choc de la globalisation, sans en refuser l'orientation, c'est en effet possible.

Même à l'abri de la monnaie unique, l'Europe est promise, comme le reste du monde, à un destin libéral, au triomphe durable du marché et à la victoire du consommateur sur le producteur. Ce n'est pas, pour elle, une novation. Les rédacteurs du traité de Rome se sont référés, dès 1956, à une organisation du marché bizarrement plus proche de l'exemple américain que des modèles des pays membres, mi-colbertiste mi-ouvert côté français, oligopolistique et cartellisé côté allemand. Prisonnière, à l'époque, de son statut de nain politique, l'Allemagne a accepté une philosophie et des institutions concurrentielles très éloignées de ses propres habitudes et la France était trop faible pour imposer sa propre vision planificatrice. Ce ne sont ni l'accélération de la globalisation, ni l'effondrement du communisme qui ont marqué l'Europe au coin du libéralisme, mais ses textes fondateurs et la dynamique du grand marché. Ainsi l'instauration de la Cour de Luxembourg, l'irruption, dans le paysage continental, d'un droit de la concurrence de type américain, la primauté donnée au consommateur et aux prix les plus bas, la mise hors la loi des cartels, le refus des abus de position dominante, la prééminence d'une conception ouverte du marché sur les pratiques nationales, la dérégulation des services publics, le refus de principe des subventions d'Etat et des politiques sectorielles : la jurisprudence s'est imposée, au fil des ans, précisant les uns après les autres dans une perspective libérale les articles du traité de Rome. Il a certes existé un mimétisme américain ou anglais. La libération du trafic aérien aurait été, sans le précédent des Etats-Unis, plus tardive, et la privatisation des services publics en Grande-Bretagne a poussé à une dérégulation européenne que Français et Allemands auraient, sans cet exemple, davantage ralentie.

Mais le choix philosophique date de 1957, où l'on a instauré une économie européenne au service du consommateur et obligé les producteurs à s'y conformer. Les dernières poches de résistance finiront par tomber : les garanties octroyées par le Bund aux caisses d'épargne régionales allemandes ; les subventions écrasantes aux charbonnages en Allemagne ; les mythiques « services publics à la française », comme si le monopole d'entreprises d'Etat servies par des fonctionnaires sous statut garantissait de meilleures prestations ; les excès de la Caisse pour le Mezzogiorno ou le dumping fiscal irlandais... De ce point de vue, le surcroît d'intégration lié à l'euro rendra encore plus insupportables les distorsions dont souffre le marché unique. Ce ne seront plus les seules banques allemandes qui, par exemple, s'attaqueront aux privilèges des caisses d'épargne des Länder, mais l'ensemble du système financier européen, c'est-à-dire un lobby diablement plus puissant. De même EDF, qui pouvait facilement ignorer les attaques des libéraux français, verra-t-elle son monopole contesté par ses concurrents étrangers et ne pourra-t-elle se contenter, pour toute réponse, du même mépris arrogant. Ce que la commission de Bruxelles n'obtiendra pas du Conseil des ministres, la Cour de Luxembourg finira par l'imposer.

Les Etats membres le savent, qui mènent, pour des raisons électoralistes, des batailles d'arrière-garde : les plus habiles utilisent le sursis ainsi obtenu pour accélérer la modernisation des secteurs protégés ; les plus pusillanimes jouent sur le registre « encore un instant monsieur le bourreau », au risque d'être acculés ensuite à des changements brutaux. Les Français appartiennent malheureusement, de façon presque systématique, à la seconde catégorie. Ne suffit-il pas de contempler la SNCF par rapport à la Bundesbahn, Air France vis-à-vis de Lufthansa, la poste française par comparaison avec la poste néerlandaise ? Face aux mutations brutales, auxquelles nous conduit à terme notre immobilisme hypocrite, nous entendrons longtemps les mêmes ritournelles contre l'Europe des marchands, le totalitarisme du profit et la fin de l'égalité républicaine. De même, les aspirations à l'« Europe sociale », à une « construction communautaire d'un autre type », à l'« Europe du travail contre celle du capital » se multiplieront-elles, comme si les Etats membres avaient, à leur disposition, un modèle alternatif qui les mettrait à l'abri de la mondialisation et leur permettrait d'inventer une société mi-marchande mi-planifiée. Les Français sont, parmi les Européens, les seuls à s'interroger dans des termes aussi traditionnels et surannés.

La réalité est tout autre : les Européens ont choisi, sans le savoir, il y a quarante ans, un modèle économique de philosophie américaine. Ce n'était pas une évidence : une union douanière à l'allemande — un *Zollverein* européen — aurait été envisageable à l'échelle de la Communauté, avec un marché intérieur davantage cartellisé et une barrière tarifaire externe. C'est une autre Europe qui serait sortie des limbes, plus industrieuse, plus autarcique, moins consumériste, moins mobile. Sans doute aurait-elle connu une moindre croissance, un pouvoir d'achat plus faible, une productivité plus basse et, en contrepartie, un moindre chômage. Elle aurait eu à s'adapter à la pression de la globalisation, mais le rythme et la nature des réformes auraient été moins marqués. Mais il s'agit là d'un débat *post mortem* : dans les années soixante, une inflexion du modèle demeurait possible ; à partir de la décennie suivante, c'était devenu illusoire et la seule attitude intelligente consistait, dès lors, à tirer le meilleur parti du type d'organisation que nous avions choisi, en le poursuivant jusqu'à son terme, avec un marché et une monnaie uniques. Plus l'environnement mondial se libéralisait, plus l'Europe avait intérêt à aller jusqu'au bout de sa propre logique. Tel était le pari de Jacques Delors. Le choix n'était plus entre le *statu quo* et le retour en arrière. Soit l'Union ne progressait pas et, laissés à eux-mêmes, face à la vague mondialisatrice, les Etats membres auraient été obligés de s'aligner sur le modèle anglo-saxon, c'est-à-dire le plus libéral. Ils auraient connu, les uns et les autres, une évolution analogue à celle, récente, de l'Argentine ou de la Pologne, c'est-à-dire la soumission à un libéralisme échevelé, fût-ce dans une version plus confortable. Le thatchérisme se serait, de gré ou de force, imposé partout. Soit l'Union suivait sa propre logique jusqu'à la monnaie unique et chacun des pays gardait le choix entre la voie anglo-américaine et une « économie sociale de marché » qui aurait su mettre fin aux excès de son système de redistribution.

Hormis les raisons nationalistes qui la poussaient à refuser l'euro, Mme Thatcher avait-elle deviné qu'en l'absence de monnaie unique sa propre idéologie aurait partout triomphé ? De là son hostilité à l'approche de Jacques Delors et de Helmut Kohl, qui offrait une alternative à sa propre démarche idéologique. Tel est désormais le choix que les anti-Européens se refusent à reconnaître : inachevée, la construction communautaire conduit à l'alignement sur la société la plus marchande et la plus capitaliste ; accomplie, en particulier grâce à l'euro, elle permet de mener à l'intérieur d'une philosophie globalement libérale et au gré de chacun, des politiques qui correspondent à des voies plus ou moins redistributrices, plus ou moins social-démocrates.

L'euro accompli, l'Europe fédérale apparaît-elle comme une certitude ? Ou l'Europe des nations conserve-t-elle une chance ? Posé dans des termes caricaturalement traditionnels, le débat est théologique. L'Union européenne est une construction *sui generis*. Macroéconomiquement, elle sera fédérale : une monnaie, un marché, un droit de la concurrence et un même cadre de politique budgétaire. Stratégiquement, diplomatiquement, elle demeurera, pour longtemps encore, confédérale, même si en son sein et sans le reconnaître, la France et l'Allemagne développent une relation gémellaire. Microéconomiquement, socialement, l'Union sera décentralisée : au lieu de laisser la globalisation imposer un modèle unique, elle fera la démonstration qu'il existe, à l'intérieur de la palette libérale, une gamme de tonalités très différentes. Le continent américain laissait, de longue date, augurer de telles nuances à travers la perpétuation de différences entre les Etats-Unis et le Canada et entre les Etats américains, comme entre les provinces canadiennes.

Mais l'Union autorise des spécificités infiniment plus accusées : elle sera la preuve vivante que la mondialisation ne véhicule pas un type de société exclusif. Telle est la vraie « subsidiarité », suivant ce mot étrange de la théologie devenu le leitmotiv du débat européen. Ce ne sont ni les réglementations de la chasse et de la pêche, ni les spécificités urbanistiques, ni le calibrage des fruits à noyaux qui mesurent la subsidiarité mais la cohabitation, par-delà des frontières de plus en plus symboliques, de modes d'organisation originaux de la société, dès lors qu'ils acceptent le primat du marché. En économie de marché, comme dans l'Eglise, il existe, en effet, « plusieurs demeures dans la maison du père ».

Chapitre 3

Les lois de la « gravitation économique »

L'économie n'est pas la physique qui a, si longtemps, cru à des lois éternelles. Dans son domaine, à chaque époque les siennes ! Au temps de l'étalon-or, le monétarisme était la norme. Avec le triomphe du taylorisme, le keynésianisme a pris un ascendant que l'on a cru définitif. La mondialisation devenue, à son tour, la toile de fond, ce sont de nouvelles lois de la gravitation économique qui s'imposent : elles balisent, à leur tour, l'économie pour deux ou trois décennies. Les connaître et les accepter donne des marges de jeu ; les ignorer et les nier conduit à l'impasse.

Leur essence sera naturellement libérale. A quoi d'autre pourrait donc conduire le marché-roi ? La loi d'airain de la productivité s'impose ; le compromis social de 1945 est condamné ; l'Etat est sur le recul ; le système fiscal est vermoulu ; et les pesanteurs macroéconomiques interdisent tout coup de barre monétaire ou budgétaire. Telles sont les lignes de plus grande pente, mais elles ne dessinent pas une politique fatale, automatique, univoque dont les gouvernements et les acteurs sociaux seraient les exécutants silencieux.

Il existe, nous le savons, deux modèles et la France qui, n'appartient à aucun, doit choisir. Les défenseurs de l'un sont convaincus que le marché suffit à définir l'intérêt général : ce sont de purs libéraux. Les thuriféraires de l'autre veulent croire que l'intérêt général déborde le marché mais que l'Etat est incapable de l'exprimer. Pour les Français, habitués depuis des lustres à penser que l'Etat et l'intérêt général sont synonymes, c'est une rude révolution. S'ils la mènent, ils auront opté pour le modèle d'Europe du Nord, en l'adaptant à leurs antécédents historiques ; s'ils n'y parviennent pas, le libéralisme anglo-américain s'imposera par la force. Toute tentative artificielle pour préserver l'étatisme et le système social traditionnels aboutira à l'inverse, le tout libéral. Ailleurs, la gauche en est convaincue : la petite musique idéologique de Tony Blair, de Massimo d'Alema ou de Gonzalez en témoigne ; de ce point de vue, l'exception française se perpétue...

*
* *

A chaque étape de l'ouverture des frontières et de la marche vers la mondialisation, l'impératif de productivité s'impose plus profondément à l'économie française. Le marché commun a trempé l'industrie dans les eaux froides de la concurrence. La libération des mouvements de capitaux a imposé la même ascèse aux services financiers, aux banques, aux assurances. Le grand marché entraîne la dérégulation des services collectifs et leur fait connaître les affres de la compétition. La perspective de la monnaie unique, en déplaçant la concurrence vers les systèmes socio-économiques eux-mêmes, soumet désormais au même traitement l'Etat-Providence et l'Etat, y compris dans ses fonctions régaliennes. Telle une meule, l'exigence d'efficacité mord sur l'économie entière, pan après pan, secteur après secteur, activité après activité.

Cette réalité fait fi de l'illusion dans laquelle nous avons vécu, de cantonner la concurrence et la pression du marché à ce que l'on appelait, à l'époque, le « secteur exposé ». Une vision s'était imposée, qui permettait de rêver la schizophrénie entre ce secteur exposé, victime de la compétition internationale, et un secteur abrité dont les règles de fonctionnement pouvaient demeurer statutaires, administratives, bureaucratiques, traditionnelles et douillettes. Il y avait un prix à payer au marché international, mais une fois que les entreprises, seules à supporter le choc, s'en étaient acquittées, le reste du système pouvait demeurer à l'abri.

Cette croyance n'a cessé de jouer un rôle dans le retard à l'allumage que maintes activités ont connu pour se transformer. Ainsi de la cécité des banques et des assurances qui ont laissé filer les années quatre-vingt, sans comprendre que, devenues des industriels de l'argent, il leur faudrait contrôler leurs coûts et compenser, de la sorte, par la productivité, le prélèvement qu'une concurrence accrue allait imposer sur leurs marges. La quête du Graal immobilier, la recherche éperdue de plus-values, les mirages de la « banque-industrie » : autant de tentatives illusoires pour protéger leur rentabilité, sans s'imposer de cure d'austérité. Je me souviens du tollé que nous avions suscité, Simon Nora et moi en 1978, en ayant affirmé dans notre « Rapport sur l'informatisation de la société » que l'informatique obligerait les banques à réduire leurs effectifs de 30 %, sous peine de voir le secteur devenir une nouvelle sidérurgie. Elles ont commencé par nier le diagnostic ; elles se sont acharnées ensuite à repousser le calice de la compétition et à conforter leur oligopole ; elles se sont enfin refusées à admettre une évolution irréversible.

Face aux premiers symptômes d'une concurrence accrue, elles se sont précipitées vers l'immobilier et les investissements à risques, au lieu de peser sur leurs coûts d'exploitation. Ce n'est qu'une fois la faillite de ces opérations consommée qu'elles ont entamé, un quart de siècle après les industriels, une longue marche vers la productivité. Et encore nombre d'entre elles imputent-elles cet effort de gestion à l'obligation de solder les comptes de leurs aventures en tout genre, et non à une adaptation naturelle et tardive à la réalité. La révolution informatique, la facilité des communications, les transmissions de données rendaient inévitable la libération des mouvements de capitaux et celle-ci entraînait, à son tour, la course à la productivité. Faut-il que les habitudes de pensée, nées de l'oligopole bancaire, aient été fortes pour empêcher autant de patrons intelligents de voir la tornade qui s'avançait vers eux et de s'y préparer ! Quelle étrange cécité les a-t-elle poussés à ignorer les mutations en cours aux Etats-Unis, en Angleterre, aux Pays-Bas ? N'entend-on pas, aujourd'hui encore, de grands banquiers minimiser les méga-fusions en cours entre banques de dépôts américaines et continuer à affirmer que : « vérité à New York, erreur à Paris » ?

A une ou deux exceptions près, les assureurs français ont été aussi aveugles, qui n'ont mesuré ni la concentration à venir, ni la pression sur les marges, ni l'apparition de concurrents faisant appel à des modes de distribution différents. Les voilà obligés de conduire, en accéléré, une évolution qui était inscrite dans les astres de l'assurance depuis 1980 !

La dérégulation des monopoles publics relève, elle aussi, du même processus. Il ne fallait pas être grand clerc pour deviner que la philosophie du traité de Rome, la volonté des consommateurs de voir les prix baisser, l'exemple américain et britannique entraîneraient un mouvement irréversible et qu'au lieu de le nier, puis de le combattre seuls contre le monde entier au nom du « service public à la française » avant, en dernier lieu, de nous y adapter *a minima*, nous aurions mieux fait de devancer le mouvement.

Or nous ne sommes pas encore sortis d'une double illusion. Témoignage de notre éternelle arrogance, la première se fonde sur l'idée que nos monopoles sont sans équivalent et que la trinité — monopole, entreprise nationale, statut du personnel — garantit aux Français un service hors de pair, comme si les Belges étaient mal éclairés, les Hollandais hors d'état de recevoir leur courrier et les Allemands privés de gaz domestique. La seconde illusion se manifeste chaque jour dans l'attitude des représentants français à Bruxelles : elle suppose que d'accords partiels en conflits de dernière minute, de manœuvres de couloir en trocs politiques, nous parviendrons à freiner voire à bloquer, la libéralisation des services collectifs.

Le résultat est bien connu : Air France est en retard de dix ans sur British Airways et de cinq ans sur Lufthansa ; la SNCF est entraînée dans une faillite à la russe, alors que la Bundesbahn se restructure à marches forcées ; la Poste imagine conserver ses dix-sept mille bureaux, comme si le téléphone, le fax, Internet n'allaient pas peser sur son activité ; Gaz de France accepte, à dose homéopathique, l'ouverture du marché ; fière de son parc nucléaire et de son statut de premier électricien mondial, EDF se croit à l'abri du mouvement, quitte à accepter, du bout des lèvres, les premières mesures libératrices de Bruxelles.

Quant à France Telecom, il aura fallu une révolution technologique d'une brutalité rare, pour que l'entreprise, son corps social, son lobby présent partout dans la société, acceptent la concurrence comme un fait acquis et fassent les premiers gestes de la foi. Et encore, même dans ce cas exemplaire, verra-t-on les batailles d'arrière-garde se multiplier, les arguments d'ordre constitutionnel fleurir, lorsque sera abordée la question, aujourd'hui sacrilège, du passage de la part de l'Etat en dessous de 51 % du capital.

De même que les industriels auraient dû entamer, comme leurs concurrents étrangers, leur rationalisation dès 1975 au lieu de la conduire, dix ans plus tard, à marche forcée et que les banquiers auraient pu commencer à se préoccuper de productivité, il y a dix ans, les grands monopoles publics étaient en état de percevoir, il y a cinq ans, les mutations en cours. Il leur suffisait de regarder au-delà des frontières ou plus simplement de réfléchir et de comprendre que le consommateur n'est pas schizophrène et que, habitué à calculer ses achats au franc près dans les grandes surfaces, il ne serait pas éternellement indifférent au prix du billet d'avion ou à sa facture de téléphone. Si nous vivions dans un monde rationnel, nous aurions cherché à profiter de la période de grâce qui s'ouvrait, pour utiliser les ressources et la réserve de puissance accumulées par les monopoles publics à l'époque de leur splendeur, afin de les transformer en entreprises multinationales, dominantes et respectées sur les marchés mondiaux. Mais la rationalité ne règne pas en maître. EDF a, par exemple, devant elle encore suffisamment de temps pour réussir cette métamorphose ; mais même pour elle, dans cinq ans, il sera trop tard.

Après les monopoles publics, c'est au *Welfare State* de découvrir, à son tour, la loi d'airain de la productivité. Non, à cause de la compétition avec des opérateurs étrangers ou sous la pression des consommateurs, mais par le détour des enchaînements macroéconomiques. Où se situent, dans la concurrence à laquelle se livrent les économies les unes par rapport aux autres, les réserves globales de productivité ? L'industrie continuera d'améliorer son efficacité ; la banque et l'assurance rattraperont le terrain perdu ; les services publics verront les plus déficitaires moins peser sur le budget de l'Etat et les meilleurs offrir, enfin, de véritables baisses de prix, mais le trésor caché est ailleurs : dans la rationalisation de l'Etat-Providence.

Il n'existe pas, en la matière, d'étalon simple de mesure, comme chez un constructeur automobile qui se fixe pour objectif de baisser ses prix de revient de 3 000 F par voiture. Mais une évidence s'impose : dans l'Europe de la monnaie unique, un pays dont les dépenses publiques sont très supérieures à celles de ses voisins, n'est pas mis au ban du club, si son déficit demeure inférieur à 3 %, mais il paie le prix de cette anomalie en termes de productivité et donc de pouvoir d'achat global. C'est un choix de principe qui se présente à lui : soit se laisser glisser, par rapport à ses concurrents, afin de maintenir un Etat-Providence plus important ; soit s'imposer de rejoindre le peloton quitte, à dépenses données, à rechercher une meilleure efficacité.

La démarche vaut naturellement pour les activités purement étatiques, autant que pour les prestations sociales. De ce point de vue, la conscience du problème est encore moins affirmée que pour l'adaptation des services publics. L'obligation de réduction du déficit commence à s'imposer à tous. L'ampleur de la dette, la sensibilité aux évolutions des taux d'intérêt, les critères de convergence y contribuent. En revanche, la discussion sur le niveau même de la dépense semble plus imprécise, le débat demeure idéologique et l'alternative n'est guère présentée au pays, telle qu'elle peut être exprimée ailleurs : davantage de dépenses publiques ou davantage de pouvoir d'achat global et moins de chômage. Si les Français s'acharnent à préserver un Welfare State plus lourd qu'à l'étranger, les conséquences seront mécaniques ; soit les autres secteurs accentueront leurs propres efforts de productivité, au risque de voir s'accentuer la césure entre les deux France, l'une soumise aux rigueurs du marché, l'autre à l'abri ; soit le niveau de vie collectif servira de variable d'ajustement.

Telle qu'elle fonctionne désormais, l'économie mondialisée ne peut pas simultanément permettre une dépense publique plus forte chez nous que chez nos principaux concurrents, une croissance aussi rapide, un pouvoir d'achat aussi élevé et un chômage du même niveau. Il en va de cette équation comme de la géométrie dans un espace à quatre dimensions. Elle est impossible. Depuis des années, les hommes politiques étrangers assènent ces vérités à leurs peuples, de Clinton qui a mis le choix dans les mains des Américains — protection sociale ou chômage — à Helmut Kohl qui transcrit les conclusions du rapport « Standort Deutschland » en propos du type : « l'Allemagne ne peut demeurer un gigantesque camp de vacances ». Qu'arriverait-il à leurs *alter ego* français, s'ils s'adressaient à nous avec la même verdeur ? La France n'a pas encore compris la dynamique d'une compétition globale, non plus entre entreprises, mais entre systèmes économiques : elle n'en mesure ni l'ampleur, ni les modalités, ni les exigences.

*
* *

Dans ce nouvel univers concurrentiel, le compromis social institué en 1945 est désormais condamné. Celui-ci n'a, en réalité, fonctionné avec sa pleine efficacité que pendant les « trente glorieuses », jusqu'à la crise pétrolière de 1973. Tout au long de cette période bénie, les prélèvements publics n'ont guère augmenté et l'Etat-Providence a apporté sa contribution au développement d'une immense classe moyenne, de plus en plus homogène. Dans les dix ans qui ont suivi, l'illusion a prévalu que le système pouvait demeurer en l'état. Elle a néanmoins exigé une hausse annuelle de 1 % du prélèvement public, dont les effets, même décalés, ont fini par se faire sentir. C'est à partir de 1985 que l'équation est apparue insoluble. Les éternelles ruses de l'Histoire ont voulu que la socialisation du revenu connaisse sa plus forte progression sous un président libéral et qu'il revienne à un monarque de gauche de marquer en la matière un coup d'arrêt, même si le processus a repris son cours, depuis lors, avec la hausse de la CSG [1] en 1993 et la création du RDS [2] en 1995.

Mais la contradiction est désormais à l'œuvre entre un Etat-Providence aux ressources plafonnées, la dérive des dépenses sous l'effet conjugué du chômage et du vieillissement et l'attribution, à guichets ouverts, des prestations. Au moins ce système hors de prix serait-il redistributif et favoriserait-il l'objectif d'égalité qui est, en théorie depuis des décennies, le sien ? Il s'agit, en réalité, d'une énorme machine à brasser les revenus et les prestations à l'intérieur de la classse moyenne, sans qu'il soit possible de repérer les bénéficiaires et les contributaires, et sans qu'elle ne fasse jamais des quelques millions d'exclus sa cible privilégiée.

L'opacité est la règle. Opacité des contributions

1. CSG : Contribution sociale généralisée.
2. RDS : Remboursement de la dette sociale.

financières avec des prélèvements tantôt proportionnels, tantôt progressifs, tantôt d'essence redistributive, tantôt de philosophie assurantielle. Opacité des prestations, au point que leurs effets se croisent et se contredisent. Opacité des structures de gestion, même si les ordonnances du gouvernement Juppé ont mis fin à une cogestion de pure apparence, qui avait pour payeur ultime l'Etat. Opacité sur les flux, les répartitions, la multiplicité des régimes particuliers qui font, de chaque spécificité, un droit acquis au profit d'une corporation, d'un lobby ou d'une clientèle mal cernée.

Mais, malgré les complexités croissantes du système, la machine se veut toujours égalitaire. Egalité, jusqu'à présent, devant la plupart des prestations familiales, même si la décision du pouvoir socialiste de soumettre les allocations à une clause de revenu préfigure peut-être une inflexion idéologique. Egalité devant la médecine de ville et l'hôpital, avec un système de remboursement qui aboutit, compte tenu des mutuelles complémentaires, à mieux couvrir ceux qui en ont financièrement le moins besoin. Egalité philosophique dans le refus, pour les retraites, du principe de la capitalisation au seul profit d'un régime de répartition supposé plus juste. Cette machine égalitaire fonctionne désormais à rendement décroissant. Avec une croissance de 4 à 5 % et un faible chômage, tous les membres de la classe moyenne profitaient de l'Etat-Providence, quitte à donner un avantage aux plus aisés, de loin les premiers bénéficiaires. Mais lorsque la toile de fond correspond à des inégalités à nouveau croissantes et à l'apparition d'un nombre, chaque jour, plus important d'exclus, l'indulgence n'est plus de mise. Ni les mécanismes ni les procédures en vigueur ne prennent en compte les inégalités en vue de les atténuer.

Quant aux marginaux, à ce lumpen prolétariat en pleine résurrection, ils ne constituent pas la population cible du système social, — ce que la morale ou un conservatisme intelligent exigerait ; ils représentent des bénéficiaires de deuxième zone. Le poids des prestations sous condition de revenus demeure secondaire par rapport aux allocations inconditionnelles. Le RMI, principale aide qui leur est destinée, représente moins de 3 % de l'ensemble des dépenses sociales, et les mécanismes spécifiques, telles les zones d'éducation prioritaire, constituent encore l'exception.

Symboles, il y a un siècle, du progrès social, certains dispositifs apparaissent désormais contre-productifs. Comment pouvait-on justifier jusqu'à aujourd'hui la distribution d'allocations familiales défiscalisées et indépendantes du revenu, ce qui aboutissait à donner deux fois plus après impôt à un cadre dirigeant qu'à un smicard ? Comment qualifier d'égalitaire une médecine de ville qui rembourse mieux, grâce à l'existence des mutuelles, l'angine attrapée par un bourgeois sur les pentes de Courchevel que la grippe d'un fils de chômeur de longue durée à Aubervilliers ? Comment expliquer l'existence d'un forfait hospitalier identique pour tous qui, pour un séjour de dix jours, pèsera sur le budget d'un chômeur alors qu'il coûtera à un usager aisé le prix d'un demi-dîner au restaurant ? Comment fonder l'absence de droits universitaires dans des troisièmes cycles fréquentés à plus de 80 % par des enfants issus des couches aisées de la population, ce qui aboutit à faire subventionner ces étudiants-là par les jeunes de milieux modestes ? Comment trouver des excuses à la perpétuation d'une myriade de régimes complémentaires de retraites dont les avantages — âge de départ en retraite, taux des pensions — ne correspondent plus à une pénibilité professionnelle qu'il était autrefois naturel de compenser ? Comment admettre la légitimité d'une redistribution devenue si favorable aux retraités qu'elle a pour résultat de donner un pouvoir d'achat plus élevé à un couple de personnes âgées qu'à une famille avec deux enfants ?

Le pacte de 1945 ne fonctionne pas : non seulement le système ne satisfait plus les objectifs qui étaient les siens, mais il aboutit, paradoxe suprême, à aggraver le chômage. Le constat ne signifie pas faire sienne l'antienne traditionnelle du patronat sur la baisse des charges. Globalement, le coût du travail ne pénalise pas l'économie française, comme en témoigne une balance commerciale historiquement déficitaire et devenue structurellement excédentaire, avec pour toile de fond un niveau de croissance équivalent, en moyenne, à celui de nos partenaires commerciaux. Le coût du travail non qualifié est, en revanche, chacun le reconnaît, le frein principal à l'embauche. Près de 10 000 F par mois pour un travail payé au SMIC sont souvent incompatibles avec la productivité de tels emplois, en particulier dans le secteur des services et des « activités de proximité », cet étrange triangle des Bermudes dans lequel se perdent les aspirations au plein emploi.

C'est par ce biais que s'est établie la relation, si décriée par les politiques, entre le revenu global, direct et indirect, et l'emploi. Le pouvoir d'achat s'est accru, en France, de 50 % depuis le début de la crise, en 1973. Si l'augmentation n'avait été que de 45 % et si les 5 % résiduels avaient été affectés à la baisse du coût du travail non qualifié, plusieurs centaines de milliers d'emplois supplémentaires auraient été créées. C'est en faisant inconsciemment cet arbitrage, donc en décidant de financer à guichets ouverts une protection sociale par ailleurs de plus en plus complexe, que la société française a choisi le chômage, et qui plus est, le chômage des plus faibles. Cette équation-là, je mets au défi quiconque, au-delà des anathèmes, d'en démontrer la fausseté !

Ainsi le compromis social de 1945, dont nous sommes rhétoriquement si fiers, aboutit-il à une situation absurde qui le voit pénaliser, deux fois, les plus démunis : en aggravant leur chômage et en les protégeant des risques moins efficacement que la classe moyenne. Ni la mondialisation, ni l'accentuation de la compétition internationale ne sont coupables de cet état de fait. Elles servent d'alibi confortable à une France qui n'ose avouer le choix égoïste qu'elle a fait en faveur des classes moyennes contre les exclus.

Dans un univers qui interdit, désormais, compte tenu de la concurrence entre systèmes socio-économiques, toute hausse significative des prélèvements et qui nous obligera même, de gré ou de force, à nous aligner sur la moyenne des pays européens, nous sommes devant une alternative simple. Soit la réduction des dépenses est gérée suivant les mêmes fondements égalitaires qui ont présidé, pendant des décennies, à leur augmentation : ce seront les catégories les plus modestes de la population qui supporteront le poids de l'ajustement et la machine égalitaire sera devenue une machine à aggraver les inégalités. Soit nous acceptons une révolution idéologique et faisons progressivement prévaloir le devoir d'équité sur le principe d'égalité. Iconoclaste il y a encore quelques années, cette mutation commence, subrepticement, à tracer sa route. Qui ne se souvient des envolées de la campagne électorale de 1995, comme si l'équité était le vecteur d'une injustice conquérante ? Le temps a fait son office, au point de galvauder l'idée elle-même.

L'équité se veut, à certains égards, plus exigeante que l'égalité, puisqu'elle vise à accorder plus à ceux qui ont le moins. C'est prendre acte d'une réalité : distribuer les mêmes droits sociaux à tous aboutit à donner davantage à ceux qui ont, déjà, davantage ! Il ne s'agit certes pas de basculer cul par-dessus tête le fondement égalitaire de notre philosophie sociale et de nos institutions, mais de l'amender : l'égalité, cette utopie positive, serait mieux servie par un système qui prendrait en charge, avec une intensité particulière, les laissés-pour-compte d'une société riche. Ce n'est pas un choix anodin. A ressources stables, ou en régression, cet effort particulier devra se faire au détriment d'autres catégories. Des plus riches, répond le bon sens. Moralement incontestable, symboliquement praticable, la démarche ne suffit pas à transférer les masses d'argent et de prestations nécessaires. Il faut donc, *nolens volens*, toucher aux avantages acquis de la classe moyenne, au moment où elle-même explose sous le poids d'inégalités croissantes.

De là maintes questions de principe qu'il faut revoir à la lumière du principe d'équité : quel partage de l'effort imposer entre une population âgée, bénéficiaire du système, et des actifs de plus en plus surchargés de contraintes ? Quelles contreparties demander à ceux qui, dans une société de chômage élevé, bénéficient d'une garantie statutaire d'emploi à vie ? Quelle ligne tracer, entre les risques sociaux les plus lourds devant lesquels nous sommes tous égaux, dont au premier chef l'hospitalisation, et les autres aléas dont seuls les plus démunis devraient être protégés ? L'approche est plus complexe, plus aléatoire, moins définitive que l'application, *urbi et orbi*, de mécanismes égalitaires : elle suppose des ajustements, des négociations, des remises en cause. C'est une forme de justice mieux en phase avec la société, elle-même de plus en plus complexe, mais ne nous leurrons pas, un tel système social est aux antipodes du compromis de 1945.

Le choix n'est plus entre la Sécurité sociale telle qu'elle s'est mise en place dans l'après-guerre et un nouveau pacte, fondé sur l'équité. Il est entre un tel pacte et l'irrésistible ascension de l'inégalité.

*
* *

Autre loi de la gravitation, elle aussi bouleversante pour la société française : le déclin de l'Etat. Cette réalité nous déstabilise évidemment davantage, compte tenu du poids mythologique et historique de l'Etat-nation, que d'autres pays plus décentralisés, plus émiettés ou plus accoutumés, comme la Grande-Bretagne, à distinguer l'intérêt général et la puissance publique. Mais, économiquement, la force des faits est partout la même. L'Occident a réagi, aux premiers symptômes de la crise il y a un quart de siècle, par la seule thérapeutique à sa disposition, cette « aspirine » des politiques économiques, la relance keynésienne. Avec pour résultats un déficit structurel des dépenses publiques et une hausse vertigineuse de la dette. Ce ne sont pas les critères de Maastricht qui imposent le recul de l'Etat, mais l'impasse financière où il s'est mis, en France comme à l'étranger, au point de ponctionner, pour refinancer sa dette, 90 % de l'épargne à long terme de chaque pays.

Sans Maastricht, l'ajustement se serait imposé, peut-être sur une période plus longue, mais en contrepartie, les taux d'intérêt seraient demeurés plus élevés. Les croisés anti-Maastricht, les militants de la dépense publique, les zélotes du déficit, les obsédés de la relance keynésienne se refusent à voir cette équation : entre un déficit plus important et des taux d'intérêt plus lourds ou l'inverse, quelle est la meilleure donne ? Encore nos efforts, qui apparaissent à certains démesurés pour contenir le déficit, doivent-ils être appréciés à la lumière des faits. L'Etat français en est à s'endetter pour payer ses dépenses courantes, alors qu'un pays aussi malade budgétairement que l'Italie a retrouvé, lui, un excédent primaire, c'est-à-dire que ses dépenses de fonctionnement sont largement couvertes par les recettes fiscales. Il existe, en matière d'endettement public, un phénomène cumulatif qui oblige, au-delà d'une masse critique, à des efforts d'économies impressionnants pour parvenir à stabiliser la dette. Outre l'Italie, la Belgique et l'Irlande ont pu mesurer ce que signifie le fil à la patte d'un endettement plus important que le produit intérieur.

Avec nos perspectives démographiques, nous devrions rationnellement thésauriser pour financer les retraites futures et l'Etat aurait besoin, à ce titre, d'un excédent budgétaire de 2 à 3 %. Nous sommes donc à des années-lumière de ce qu'exigerait une gestion intelligente et prospective de l'économie : 3 % de déficit, au lieu de 3 % d'excédent ! Ainsi planté, le décor ne laisse à nos sociétés qu'un choix binaire : soit elles acceptent une hausse de la fiscalité, avec le corollaire d'une moindre efficacité globale de l'économie ; soit le déclin de l'Etat est irréversible. Or l'évolution de nos systèmes de valeurs, la montée de l'individualisme, les réflexes d'un citoyen devenu, par ailleurs, un consommateur-roi ont tranché. L'atmosphère n'est pas, pour de nombreuses années, à la hausse des prélèvements. Preuve en est que, dans le débat politique, les partisans de la dépense publique se sentent obligés de se déclarer décidés à combattre, bec et ongles, la hausse des impôts, ce qui les oblige, pour surmonter leur contradiction, à fantasmer sur les possibilités, naturellement illusoires, de redéployer massivement les crédits ! Le recul de l'Etat est, dans un tel contexte, une certitude.

C'est une perspective que les Français n'aiment pas, prisonniers comme ils le sont de leur modèle : un territoire, un Etat, une communauté d'adhésion.

Comme pour la gestion de l'Etat-Providence, l'alternative est intellectuellement simple : soit l'administration vit la restriction des crédits dans ses structures actuelles et elle est condamnée à la paupérisation ; soit elle redessine son espace et ses modes d'action et elle peut préserver sa légitimité. Mais derrière les mots se glisse une réalité iconoclaste. La société française préfère-t-elle conserver ses 17 000 bureaux de poste, avec des postiers fonctionnaires et une qualité de service qui s'étiole ? Ou accepte-t-elle de voir la poste se restructurer, devenir une entreprise normale dont le capital serait en partie mis sur le marché, en contrepartie, comme pour France Telecom, d'engagements destinés à garantir l'égalité devant le service public ? Est-elle attachée à la SNCF telle qu'elle fonctionne, avec la certitude de la voir, à long terme, remplir de plus en plus mal ses missions ? Ou fait-elle sienne l'idée d'une réforme qui l'amènerait à contracter son réseau, qui ferait apparaître d'autres opérateurs et qui donnerait à l'activité TGV une structure autonome ? Considère-t-elle légitime la juxtaposition de deux circuits financiers pour prélever les impôts, l'un relevant de la comptabilité publique, l'autre de la Direction générale des impôts ? Ou souhaite-t-elle une rationalisation, même si des bureaux de poste qui ferment, des trésoreries qui disparaissent, des gares encore moins nombreuses représentent un sacrifice dans le fonctionnement quotidien du pays ? L'alternative, un Etat étendu et appauvri, un Etat restreint et plus efficace, touche naturellement au style de vie des Français : le nier, c'est les duper.

Avec des dépenses de personnel qui représentent

l'essentiel du budget courant de l'Etat, le statut de la fonction publique est naturellement en jeu. Si la meule budgétaire tourne dans le cadre des règles actuelles, le scénario est écrit d'avance et le gouvernement actuel devra, quoi qu'il dise, s'y plier : remplacement de deux fonctionnaires qui partent à la retraite sur trois, puis d'un sur trois, puis des recrutements au compte-gouttes, avec pour conséquence, une fonction publique de plus en plus âgée, de plus en plus mal payée, exerçant ses attributions dans des locaux miséreux, avec une informatique antédiluvienne, en face de citoyens habitués à être traités, dans le secteur privé, en consommateurs respectés et qui supporteront, de moins en moins, cette étrange schizophrénie. Le citoyen-usager sera frustré, le fonctionnaire insatisfait et malheureux et l'atmosphère collective viciée.

Au-delà de cette évolution quasi automatique, se pose, sur le plan de l'équité, une question plus essentielle : est-il juste de garantir, aujourd'hui, à un jeune de vingt ans, un emploi à vie jusqu'en 2040 ? Doit-on lui avouer qu'il paiera à terme cette situation insolite par une moindre rémunération par rapport à ses collègues et amis ? Ou faut-il continuer à le duper, avec le risque qu'il vive mal, le moment venu, sa prolétarisation ? La voie de la raison est, en théorie, simple : le maintien du principe du statut pour les fonctionnaires en activité, sous peine de provoquer une révolution ; la modification, pour eux, des dispositifs statutaires afin d'introduire un minimum de souplesse ; le recrutement, sauf exceptions, tels les magistrats, des nouveaux personnels sous un régime de droit privé et de conventions collectives ; le développement de carrières civiles courtes comme il existe, de longue date, des carrières militaires temporaires. Confrontés au même problème, nombre de pays vivent, depuis plusieurs années, un tel processus d'ajustement. Nous en sommes à des années-lumière, ce qui accrédite la perspective, en France, d'un Etat de plus en plus rigide et pauvre.

De même l'économie française n'a-t-elle plus les moyens de s'offrir autant de niveaux d'administration. L'Etat, la région, le département, 37 000 communes. La mosaïque des pouvoirs était, déjà, compliquée, mais l'impératif de coordination, couplé avec le tabou politique du maintien en l'état des structures existantes, a naturellement conduit à l'apparition d'acteurs supplémentaires. Des communautés urbaines aux « pays » prévus par la loi sur l'aménagement du territoire, sans compter les syndicats intercommunaux et les multiples regroupements de communes, la liste est longue des trois ou quatre niveaux administratifs supplémentaires qui complètent le quadrillage du territoire.

Par rapport à nos voisins, notre situation depuis longtemps atypique, n'a cessé de se singulariser. Des collectivités territoriales trop nombreuses, donc trop faibles ; des partages de compétences de plus en plus byzantins ; des imbrications de pouvoir sources d'impuissance ; une énergie, de plus en plus grande, consacrée au règlement des questions de bornage administratif. Cette situation était tolérable, à condition que la machinerie soit huilée par des ressources budgétaires de plus en plus importantes. Une fois disparu l'émollient de frais de fonctionnement en augmentation ininterrompue, le système ne pourra plus surmonter sa propre complexité. Il est condamné soit à l'impuissance et donc à une remise en cause brutale par l'opinion, soit à une rationalisation forcée. Même si la perspective, pour la classe politique, de porter le fer dans son propre fonds de commerce est encore plus douloureuse que d'affronter le moindre lobby, elle n'aura pas le choix. La pression de la société civile en faveur du non-cumul des mandats constitue les prémices d'une telle évolution.

Rêves, utopies, naïvetés, penseront d'aucuns : le système public est non réformable. S'ils ont raison et si les intérêts acquis, les corporatismes, les tabous idéologiques le maintiennent tel qu'en lui-même l'éternité le change, c'est-à-dire immobile et intangible, face à la restriction des crédits, le dénouement sera brutal. Ce ne sera pas dans dix ans la voie thatchérienne qui prévaudra, avec le transfert au secteur privé d'activités publiques, mais l'approche argentine, autrement plus rude, avec des administrations privées de leurs attributions et mises en extinction, telles des entreprises en faillite et la montée en puissance d'intervenants nouveaux auxquels seront concédées leurs fonctions.

Vis-à-vis de l'Etat, la loi d'airain de la productivité prend le visage de restrictions budgétaires durables. Soit cahin-caha, comme les autres activités de service sont conduites à le faire, les unes après les autres, l'administration accepte de se conformer aux nouvelles règles du jeu et, au prix de concessions importantes, elle persévérera dans son être. Soit elle se bloque et se réfugie dans une attitude de refus et elle finira par exploser. Que ceux qui nient cette prophétie méditent l'exemple, trop vite oublié, de l'effondrement du communisme : les systèmes, en apparence les plus granitiques, finissent par être engloutis par la réalité, quand ils la refusent pendant une trop longue période.

*
* *

Avec, pour ligne de plus grande pente, la réduction des prélèvements et l'alignement sur des niveaux d'impôt équivalents à ceux de nos partenaires européens, le système fiscal va être soumis à rude épreuve, mais bizarrement sa transformation sera facilitée par son archaïsme et par le fait que certaines réformes, repoussées depuis vingt ans, n'ont pas eu lieu. Sa modernisation peut ressembler à celle de ces économies arriérées qui font l'impasse sur l'âge industriel et plongent brutalement dans la société d'information.

Les tares de la fiscalité française sont bien connues. Un poids exorbitant des prélèvements « indolores » — TVA, cotisations sociales — par rapport aux impôts qui font mal, comme l'impôt sur le revenu. Un impôt sur le revenu, concentré sur un nombre trop faible de ménages avec, pour corollaire, une envolée des taux marginaux pour les payeurs aisés. Une fiscalité locale dont la complexité empêche de mesurer le rôle redistributif. Une imposition du capital anormalement avantageuse par rapport à la fiscalité sur le travail. Un système, en un mot, globalement paradoxal. Loin d'être le plus redistributif, il est anormalement douloureux et mal ressenti ; la progressivité du prélèvement par rapport au revenu est, en définitive, assez faible mais la sensibilité aux taux marginaux de l'IRPP[1] est aussi exacerbée qu'elle pouvait l'être dans la Suède fiscalement spoliatrice d'il y a dix ans. Face à une telle situation, le réformisme fiscal apparaît limpide dans ses principes : accroître la progressivité au nom de la justice sociale, élargir le nombre des assujettis à l'IRPP, rationaliser la fiscalité locale, basculer les cotisations sociales vers un prélèvement assis sur l'ensemble du revenu, accroître l'imposition du capital pour la rapprocher de celle du travail. Modernistes de droite et de gauche pouvaient faire leur un tel programme avec, naturellement des nuances correspondant aux intérêts dont les uns et les autres se sentaient les mandants.

Mais il est devenu impossible dans un univers mondialisé de poursuivre de tels raisonnements en cercle fermé, avec, pour seuls paramètres, une conception nationale de la justice et la gestion des rapports de forces avec l'ensemble des intérêts concernés. Certes, ni la mondialisationn ni la mise en place de l'euro ne dessinent *ex cathedra* un système fiscal. Avec, pour perspective, des niveaux voisins de prélèvements, les pays européens demeurent maîtres du choix des impôts. La tradition, le poids de l'existant, le tempérament fiscal de la population jouent leur rôle.

Quelques contraintes s'imposent néanmoins. Avec la libre circulation des personnes, le cosmopolitisme

1. IRPP : Impôt sur le revenu des personnes physiques.

croissant des élites, la poussée de l'individualisme, le prélèvement sur les classes aisées de la population ne peut être fondamentalement différent d'un pays à l'autre, sous peine de provoquer des mouvements d'émigration parmi les entrepreneurs, les cadres dirigeants et les grands experts. De même la liberté pour le capital de s'investir là où il veut interdit des régimes fiscaux trop différents, les plus pénalisateurs poussant l'argent à aller vers les Etats membres les moins sévères. Le libre-échange des produits exige des impôts sur la consommation à base large et homogène, à moins de multiplier les distorsions et les pertes en ligne. Enfin, le marché-roi est indissociable du triomphe de l'individualisme et celui-ci, même tempéré, condamne les hausses régulières de l'impôt dont s'accommodaient des époques plus philosophiquement social-démocrates : la mentalité collective contribue, à tort ou à raison, à circonscrire, dans le domaine fiscal, le possible et l'impossible. Dernier élément du décor, la complexité du jeu économique et la sensibilité fiscale de l'opinion empêchent des coups brutaux de balancier, et obligent à étaler toute réforme d'ampleur sur plusieurs années. Le temps est loin où Mme Thatcher bousculait du jour au lendemain l'équilibre entre impôts directs et impôts indirects.

Dans ce contexte, le débat n'est plus entre la progressivité des impôts, équitable et redistributrice, et la proportionnalité, injuste et aveugle. Les prélèvements seront, à l'avenir, assis sur la plus large assiette possible, avec des taux proportionnels faibles auxquels se rajoutera une cédule dont les modalités, plus ou moins sévères, traduiront les choix idéologiques des uns ou des autres. Ainsi naturellement de la TVA dont les taux convergeront avec ceux des autres pays de la zone euro, sous peine de distorsions de concurrence. Ainsi de l'impôt de solidarité sur la fortune auquel l'ensemble du patrimoine finira par être assujetti, y compris l'outil de travail, mais à des taux très faibles, de loin inférieurs à leurs niveaux actuels. Le système sera économiquement plus sain que l'actuel, simple prélèvement sur le patrimoine immobilier des cadres supérieurs et source de jongleries absurdes et contreproductives à cause de l'exonération de l'outil de travail. Ainsi de l'ensemble cotisations sociales-impôt sur le revenu qui cédera, au fil des ans, la place à un prélèvement de type CSG élargi, c'est-à-dire portant sur l'intégralité des revenus, avec, pour complément, une taxe additionnelle, elle progressive, mais dont le taux se situera dans la fourchette des pratiques européennes : à 30 %, l'air sera libéral, à 45 %, l'atmosphère sera devenue sociale-démocrate.

Les conséquences de cette évolution s'imposeront d'elles-mêmes. Plus les assiettes d'imposition seront étendues, plus les niches fiscales seront condamnées ; la fiscalité sur les revenus du capital se rapprochera de celle sur les revenus du travail, mais à l'intérieur, là aussi, de la norme européenne. Seule la fiscalité locale échappera en partie à ce phénomène de lente rationalisation ; ce sera moins l'intégration européenne qui l'obligera à se réformer que l'urticaire des contribuables, de plus en plus irrités par un système aveugle et injuste.

Les Etats membres de l'Union européenne pourront, s'ils le veulent, s'accrocher au principe de l'unanimité dans le domaine fiscal, ultime vestige de l'époque où l'impôt incarnait le pouvoir régalien ; la force des faits sera plus grande. Avec un marché unifié et une monnaie unique, l'harmonisation des impôts s'imposera d'elle-même. Le cheminement sera long et tortueux ; les affrontements avec les lobbies innombrables ; les ajustements étalés sur plusieurs années, mais le point d'arrivée est connu : la dynamique européenne et les contraintes internationales broieront les particularismes.

*
* *

Face aux lois de la gravitation économique et aux pressions qu'elles exercent sur nos vieilles institutions étatiques, la tentation est grande, du moins en France, de conclure à la mort programmée de l'Etat et à la victoire du marché. Avec un tel diagnostic, le débat public se cristallise naturellement, tel que fonctionne notre culture politique, sur des affrontements binaires : la privatisation contre le service public, la solidarité contre la liberté, l'irrédentisme national contre l'internationalisation, le modèle français contre la mondialisation.

Le manichéisme n'est que le produit, chez nous, d'une pétition de principes. L'Etat est la seule expression de l'intérêt général : si le premier s'affaisse, le second est condamné. Avec une telle logique, aussi fruste que l'écriture binaire, la société ne peut échapper à une alternative caricaturale, l'Etat ou le marché. Moins marqués par l'héritage de l'Etat-nation, nos voisins savent, de longue date, que l'intérêt général existe en dehors de la puissance publique, qu'il ne s'identifie pas à un marché pur et parfait destiné à dominer l'ensemble du jeu social, pan après pan, et que mille et un moyens peuvent en être l'expression.

D'abord, le triomphe de la règle du droit : dans une société complexe, la jurisprudence prend le pas sur le décret, le juge sur le fonctionnaire, les principes généraux du droit d'essence constitutionnelle sur la loi. Ainsi, à titre d'exemple : quel système sert le mieux l'intérêt général, d'un monopole public qui fixe ses prix de vente sans contrôle et avec pour seule finalité de persévérer dans son être, ou d'un jeu concurrentiel sous la surveillance d'une instance indépendante capable d'imposer à des acteurs privés des baisses de prix et le respect d'un strict cahier des charges ? La nationalisation des monopoles publics ressemble désormais à une impasse, mais leur privatisation, sans ouverture à la concurrence et sans juge de paix puissant, serait un déni de justice.

Quelle organisation des médias reflète le mieux ce sacro-saint intérêt général : un service public que l'absence de ressources budgétaires pousse à une quête effrénée de l'audience ou l'existence de chaînes culturelles soumises à des règles précises et financées par un prélèvement sur l'ensemble des recettes publicitaires des chaînes publiques et privées ? Qui exprime le plus efficacement l'intérêt général : la cohabitation d'un système hospitalier en voie de paupérisation, redevenant l'hôpital général du XIXe siècle réservé aux pauvres et d'une médecine de riches adossée à des compagnies d'assurances, ou au contraire la préservation d'une médecine hospitalière ouverte à tous, dès lors que des efforts de rationalisation financés par la classe moyenne l'ont préservée ? L'intérêt général est-il du côté d'une société qui fait payer la préservation d'un Etat-Providence de plus en plus dispendieux au cinquième de sa population, en voie d'exclusion, ou du côté d'un contrat social qui s'oblige à réinsérer ces millions de laissés-pour-compte par un effort collectif, quitte à laisser le marché fournir davantage de prestations de santé ou de retraites à ceux qui peuvent se les offrir ? Vaut-il mieux des prestations gratuites mais d'une qualité chaque jour plus médiocre ou des services collectifs financés par le consommateur et non par l'usager, avec des mécanismes d'aide réservés aux plus démunis ?

L'intérêt général est le pendant de l'équité, de même que notre conception de l'Etat demeure le reflet de l'égalité. C'est la fin philosophique et politique du « jardin à la française » : une administration servie par l'élite du pays, riche et prospère, accordant à ses salariés les avantages du statut et à ses usagers le libre accès aux mêmes services d'enseignement, de santé... Ni l'intérêt général, ni l'équité n'incarnent un modèle aussi linéaire. Mieux en phase avec une société complexe, ils en reproduisent les traits dominants. Ce sont des concepts mutants. Ils bougent au rythme de l'évolution technologique, de la fluidité de l'information, des aspirations collectives. Ce sont des références fragiles. L'égalité et l'Etat-nation sont des idées simples et irréfragables ; l'équité et l'intérêt général ne seront jamais inscrits dans le marbre d'une idéologie. Ce sont des notions en perpétuel renouvellement. Il n'existe aucune définition intangible de la justice.

Il va de soi que, dans une telle approche, l'Etat ne peut incarner seul de telles aspirations. Il joue, certes, son rôle, mais d'autres institutions y contribuent, les acteurs sociaux, patronat et syndicats au premier chef ; les lobbies attachés à des causes d'intérêt général, comme les mouvements de consommateurs, les écologistes, les militants humanitaires ; les institutions, universités, fondations, Eglises qui se sentent dépositaires d'une parcelle de cet intérêt général, à la fois essentiel et insaisissable ; les leaders d'opinions et naturellement, comme caisse de résonance, le pouvoir médiatique. Les aller et retour entre ces joueurs, la circulation des idées, les rapports de forces dans la société fabriquent, à un moment donné, la conception de l'intérêt général qui finit par prévaloir. Elle s'élabore donc suivant une alchimie qui fait de l'Etat un acteur parmi d'autres et non l'autorité caporaliste et hiérarchique dont tout procède et à laquelle tout revient.

Face à la vague de la mondialisation, nos sociétés ont le choix, en termes caricaturaux, entre trois modèles théoriques : le tout-Etat et le primat de l'égalité ; le tout-marché et le culte de l'inégalité ; le marché tempéré par l'équité et l'intérêt général. Après avoir connu son apogée grâce au keynésianisme, au fordisme et à l'émollient, pendant des décennies, d'une croissance élevée, le premier modèle est condamné par les lois de la gravitation économique dont aucun pays ne peut s'abstraire. Celui qui, à rebours de l'évolution internationale, persévérera et cultivera sa propre exception, le paiera sévèrement en termes de pouvoir d'achat collectif et de productivité.

Le second modèle théorique semble avoir d'autant plus le vent en poupe qu'il prend l'allure d'une revanche. Les Etats-Unis et leur base avancée en Europe que constitue idéologiquement la Grande-Bretagne, les dragons asiatiques, les économies issues du monde communiste européen ou sorties, en Amérique du Sud, de leur gangue protectionniste, l'essor débridé du capitalisme chinois : autant de manifestations toutes différentes les unes des autres, du triomphe du marché-roi. La troisième voie, plus complexe car fondée sur une dialectique entre le marché et l'intérêt général, la concurrence et l'équité, risque d'apparaître à l'opinion internationale comme l'ultime avatar d'une exception européenne qui ne pourra, au fil du temps, que se résorber. Nul ne doit sous-estimer, de ce point de vue, la force de la « pensée unique mondialisatrice », mais elle fait sur ce point fausse route. Autant le modèle étatique est contraire aux lois du monde telles qu'elles se sont désormais dessinées, autant le modèle d'intérêt général peut, à l'abri du bouclier européen, prospérer.

Chapitre 4

La quête de l'impossible salut

Le mythe du « modèle français » a la vie dure. Après avoir scandé l'histoire politique comme si la Révolution française avait inventé les droits de l'homme, il s'est installé au cœur d'une société dominée par l'économie. « Une autre politique », « une voie française », « le travaillisme à la française », « le socialisme à la française », « le libéralisme aux couleurs de la France », étrange alchimie des mots qui mêlent l'Etat-nation, la rhétorique nationaliste et les philosophies économiques ! Dans quel autre pays entend-on pareille langue ? De là, un débat économique devenu un simple compartiment de l'affrontement idéologique et qui nie, presque par principe, l'autonomie de la sphère productive. Admettre celle-ci, c'est en effet dévaloriser le primat du politique. Reconnaître ses lois, c'est narguer la toute-puissance de la souveraineté populaire. Accepter le marché comme un état de nature du système économique, c'est minorer le poids mythologique de l'Etat. Puisque l'économie doit être subordonnée pour les éternels partisans d'un modèle français à la puissance politique, il existe naturellement une idée, une décision, une percée conceptuelle à la portée de l'Etat qui devrait nous assurer un impossible salut. Ainsi la baisse des taux d'intérêt cède-t-elle le pas au partage de la valeur ajoutée, celui-ci aux 35 heures, dans une ronde des modes et des fantasmes, propre à donner le vertige aux meilleurs observateurs étrangers de la scène française.

*
* *

Pourquoi les élites françaises se laissent-elles entraîner dans cette quête de l'impossible salut ? Pourquoi sont-elles les seules au monde à céder, depuis si longtemps, à cette étrange tentation ? Pourquoi sont-elles si méfiantes devant les ressorts d'une « société de confiance »[1] et croient-elles aux seuls mérites du pouvoir politique ? Pourquoi entretiennent-elles, elles-mêmes, les mirages de l'opinion publique, au lieu d'assumer leurs devoirs de raison ? Pourquoi, à dates régulières, se laissent-elles entraîner dans des débats chaque fois plus exotiques ? Dans un pays aussi élitiste que le nôtre, ce ne sont pas les forces sociales qui mènent les réflexions collectives, mais les leaders d'opinion, politiques, industriels, experts, journalistes. Ils impulsent la discussion, en inventent les thèmes, en rythment la dramaturgie. Leur fuite dans l'imaginaire finit par s'imposer au pays lui-même.

---

1. Suivant le concept judicieusement inventé par Alain Peyrefitte. *Cf. La Société de confiance*. Editions Odile Jacob, 1996.

La tentation est grande de rechercher les racines d'un tel comportement dans l'habitude prise par les élites, depuis le temps immémorial de la Cour, de se lover dans l'ombre de l'Etat. D'où vient ce chromosome si particulier des classes dirigeantes que relevait Bloch dans *L'Etrange Défaite* ? Quelle déférence naturelle fonde ce respect de l'ordre établi, ce culte du monarque républicain, cette attente de le voir toucher les écrouelles, y compris dans le domaine le plus éloigné du miracle, l'économie ? Quel masochisme pousse, en parallèle, les classes dominantes à pratiquer l'autoflagellation, la dérision collective, au point d'oublier que la France demeure la quatrième puissance économique du monde, le premier exportateur par habitant parmi les grands pays et que, mesure de la confiance internationale, les taux d'intérêt sont parmi les plus bas de la planète ? Etonnante contradiction des comportements qui mêle l'arrogance, la considération et l'automutilation ! Quelle différence avec les élites britanniques, insupportables quand tout va bien, admirables quand tout va mal, ou avec les dirigeants allemands, tous unis par une conscience collective des enjeux !

Le mélange détonant de l'irréalisme et de la dépendance, du rêve et de la déférence témoigne, à travers l'attitude de ceux qui sont supposés diriger le pays, de la persistance d'une exception française. Nous ne nous sommes jamais faits aux mœurs et aux règles d'une société multiples, et libérale, avec des institutions autonomes, des acteurs sociaux puissants, des jeux d'intérêt complexes, des compromis temporaires, mais toujours à l'intérieur du champ du réel. Idéologiquement, le greffon libéral n'a cessé d'être minoritaire. Entre Benjamin Constant et Raymond Aron, quel désert ! Sociologiquement, les élites ne se sont pas constituées à partir de matrices différentes, bourgeoises, administratives, syndicales, intellectuelles ; elles ne se sont épanouies que sous la férule étatique. Culturellement, ni les ressorts d'une société de marché, ni les mécanismes d'une économie de marché ne se sont imposés, de sorte que ce qui est naturel ailleurs demeure chez nous illégitime. Symboliquement, le pouvoir ne s'affirme jamais à côté de l'Etat ; il le fait parfois contre lui de la part des seuls intellectuels, mais le plus souvent sous son ombre tutélaire.

Démocratie politique, la France n'est pas une société démocratique, telle que celle-ci peut naître d'un corps à corps séculaire avec le marché. Quelle relation, se demanderont les sceptiques, peut exister entre l'infantilisme institutionnel français et le goût de l'illusion économique ? La conviction que la volonté collective et l'Etat régissent, ensemble, la réalité et que, disposant de bonnes idées, la puissance publique a une prise presque illimitée sur elle. La croyance en la capacité du « souverain » de peser sur le cours des choses, dès lors que l'intelligence de ses sujets les plus éminents lui a donné les « bonnes solutions ». La certitude, dans un pays entiché de concepts, que les théories peuvent changer le cours de la société, de la même manière que l'Etat est capable de soumettre à ses vues le réel. Avec de tels réflexes, les élites sont prêtes pour la ronde en économie, des idées fausses, des solutions miracles, et des inventions géniales, étrange concours Lépine sans équivalent ailleurs dans le monde.

*
* *

La plus ancienne illusion, qui pèse depuis des décennies sur le débat économique, est naturellement la tentation de la manipulation monétaire ; elle s'est longtemps assimilée à la dévaluation, et depuis peu à la baisse brutale des taux d'intérêt à court terme.

La nécessité de déprécier le franc a provoqué maints plaidoyers. Sociologique : les tensions sociales ne peuvent être surmontées en France que par l'émollient de la hausse du pouvoir d'achat et de l'inflation, quitte à solder les comptes, à dates régulières, par une dévaluation. Culturel : la société française ne porte pas, en elle, une tradition de rigueur macroéconomique, de même que son capitalisme ne suit pas les canons de l'« éthique protestante ». Industriel : notre spécialisation sectorielle exige une compétition par les prix et nos entreprises ne sont pas assez fortes pour y parvenir par les seuls gains de productivité. Démographique même : un pays dont la population s'accroît à la différence de ses voisins a besoin d'être dopé par la dépréciation de sa monnaie. La litanie est infinie, pour ceux qui refusent le cercle vertueux, rigueur, productivité, monnaie stable...

Depuis l'adoption, en 1983, de la politique de « désinflation compétitive », ces antiennes semblaient disparues du débat. Erreur ! Elles resurgissent de temps à autre : en 1993, lors de la récession, puis par référence aux dévaluations anglaise et italienne, et récemment encore vis-à-vis du mark. Les zélotes de la dépréciation monétaire se sont bien gardés de rappeler que la glissade de la livre, de la lire et de la peseta ne faisait que solder un écart d'inflation accumulé pendant plusieurs années et qu'elles l'ont payée par une hausse des taux d'intérêt à long terme. Quant aux acharnés d'une dévaluation du franc par rapport au mark, ils prennent plaisir à oublier que les coûts salariaux sont inférieurs de 20 % de ce côté du Rhin, et qu'à niveau de croissance comparable, le commerce extérieur de la France avec l'Allemagne est désormais excédentaire.

C'est donc une dévaluation de combat, déconnectée des réalités macroéconomiques qu'ils réclament. Les plus cyniques la prônent, en connaissance de cause, afin de provoquer un affrontement avec les Allemands, suffisamment violent pour détricoter l'union européenne ; les plus inconscients se contentent de céder au réflexe pavlovien qui a si longtemps poussé le patronat français à répondre, à la moindre difficulté, par une demande de subvention ou le rêve d'une dévaluation. Mais, au fil du temps, le militantisme dévaluationniste s'est progressivement affaibli. Seuls quelques industriels rétrogrades osent encore prétendre que le franc est surévalué par rapport au mark et aux autres devises européennes. Le débat s'est, à juste titre, déplacé vers la parité du couple franc-mark par rapport au dollar, avec des moments de cocasserie témoins de l'éternel narcissisme français : ainsi de certains hommes politiques qui ont imaginé les marchés en train de se laisser guider par leurs déclarations martiales sur la sous-évaluation de la monnaie américaine.

C'est donc sur un autre terrain que les défenseurs

de la manipulation monétaire ont porté le combat, c'est-à-dire sur celui d'une baisse brutale des taux d'intérêt à court terme. Le débat n'a pas eu lieu au moment où il aurait été concevable, c'est-à-dire quand les autorités françaises ont suivi l'envolée, en 1992 et 1993, des taux allemands afin de préserver la parité franc-mark. Si la discussion avait, à ce moment-là, pris de l'ampleur, elle aurait conduit François Mitterrand à mieux assumer l'orientation stratégique qu'il avait faite sienne, accepter une récession française afin de préserver la construction de l'Europe monétaire, et donc de l'Europe. Il a, à mes yeux, eu raison mais, à l'instar des autres grands choix mitterrandiens, ce fut une décision clandestine, jamais présentée au pays. C'est plus tard que se produisirent les premières escarmouches, au moment de l'entrée en fonction du gouvernement Balladur en 1993 et surtout dans la foulée de la crise de changes de juillet 1993, avec l'alternative soit de jouer en douceur la baisse des taux en parallèle avec le maintien de la stabilité monétaire, soit de les réduire brutalement quitte à profiter de la nouvelle marge de fluctuation de changes de 15 % offerte par la réforme du système monétaire européen. La décision fut, cette fois-là, politiquement claire, ne pas prendre le risque d'un décrochage du franc dont l'ampleur et l'intensité auraient pu tuer la dynamique de l'union monétaire. Ce fut, je le crois, à nouveau le bon choix.

La bataille reprit de plus belle après l'élection de Jacques Chirac, lorsque, méfiants devant son programme ambigu, les marchés firent s'envoler les taux d'intérêt. Au lieu de réagir avec bon sens en réclamant un effort de rigueur, seul à même de faire baisser les taux, nos combattants plaidèrent au contraire pour un geste drastique sur les taux à court terme, quitte à bousculer, au nom de cette cause, l'indépendance de la Banque de France. Que d'articles, de libelles, de philippiques contre le monétarisme n'a-t-on lus, souvent de la part de patrons dont les bilans, très endettés, étaient sensibles au niveau des taux courts ! Avec, pour habiller leurs propres motifs d'action, une éternelle référence : la réduction des taux américains qui a permis de solder la crise du système financier et de faciliter la relance, quitte à oublier les privilèges du dollar qui lui permettent de vivre avec des taux faibles et de financer néanmoins les déficits américains. Au lieu de se réjouir de voir le virage de la rigueur décidé le 26 octobre 1995 par Jacques Chirac, plébiscité par les marchés au point de les conduire à placer nos taux à long terme en dessous des taux allemands, nos croisés changèrent de thème et se sont rabattus sur une nouvelle idée fixe : faire passer les taux à court terme, eux aussi, sous les taux allemands, comme si le demi-point, au plus gagné, allait changer la situation de l'économie française et justifiait le risque de contre-effets, sur le franc et les taux longs, imprévisibles et autrement plus dévastateurs.

Etrange acharnement ! S'y mêle un mélange bizarre de jugements moraux, de cécité macroéconomique et d'arrière-pensées ambiguës. Les moralistes trouvent leur compte dans les démonstrations incontestables de Jean-Paul Fitoussi sur le triomphe de la rente et ses relents inégalitaires, mais une fois passé le moment d'émotion et ouvert le débat sur le

« que faire », ils ne s'étonnent pas du seul remède, avancé par leur auteur favori, anticiper la monnaie unique, comme si nous étions les maîtres du calendrier ! Les aveugles de la macroéconomie refusent de reconnaître que la France a réussi un véritable miracle en matière de taux d'intérêt, puisque, après la Suisse et le Japon, nous avons les troisièmes taux à moyen et long termes les plus bas du monde. Nous faisons mieux que l'Angleterre, leçon que devraient méditer les thuriféraires de la politique britannique et de la dépréciation monétaire. Mieux que les Etats-Unis, avec un écart de 1 % en notre faveur, le plus élevé depuis 1919 ! Mieux même que l'Allemagne, si longtemps parangon de la vertu et du sérieux aux yeux du marché ! Nos aveugles devraient, au contraire, comprendre que nous ne méritons guère un tel traitement de faveur. Dans les autres pays, eux aussi bien notés par les marchés, la politique monétaire bénéficie d'un consensus et n'est pas à la portée de la première polémique venue, et donc d'un accident.

Quant aux arrière-pensées, elles sont l'apanage des anti-européens qui ont attendu d'une baisse des taux une crise de changes et de celle-ci l'échec de l'union économique et monétaire. Elles traînent aussi, du côté des éternels dévaluationnistes qui ne cessent de rêver d'un engrenage fatal : baisse des taux, relance accélérée, inquiétudes inflationnistes, accident monétaire. Elles se manifestent enfin chez les innombrables adversaires de l'économie ouverte et de la mondialisation qui ont trouvé dans la réduction drastique des taux la version moderne de la vieille tentation isolationniste et protectionniste : faire comme si le reste du monde n'existait pas, se draper dans sa dignité outragée, s'appliquer à soi-même une logique qui n'a cours nulle part ailleurs. De gré ou de force, nos croisés sont les héritiers de Jules Méline ! Les arrière-pensées ne manquent pas, non plus, chez ceux qui placent le débat sur le niveau des taux régis par la Banque de France, afin de ne pas braquer le projecteur sur les taux de base bancaire, donc sur l'écart entre les premiers et les seconds, et à travers lui sur l'improductivité du système financier français. Il est plus confortable de transformer le gouverneur de la Banque de France en bouc émissaire que de mettre l'accent sur les restructurations que les banques commerciales françaises n'ont cessé de différer.

La politique monétaire mérite un débat public : quelle naïveté de croire que la Bundesbank et la Federal Reserve américaine raisonnent, *in abstracto*, sans tendre leurs antennes dans le monde des affaires et dans la société ! Que d'échanges d'arguments, de demi-phrases, de tests vis-à-vis de l'opinion précèdent en Allemagne ou aux Etats-Unis un mouvement d'un quart de point ! Mais la discussion est d'autant plus vive qu'elle se déroule entre des joueurs adeptes des mêmes règles et qui participent à la même partie. En France, ce sont au contraire les règles qui sont contestées. Derrière une discussion d'allure technique se glisse l'éternel refus de l'économie de marché ellemême.

*
* *

Compte tenu de l'impressionnante baisse des taux français depuis deux ans, la quête de l'impossible salut s'est moins concentrée sur la monnaie. Défaits par la réalité, les combattants ont reflué en bon ordre. Ils ont changé de cheval de bataille, c'est-à-dire d'agrégat économique à bousculer. Voilà, après la monnaie, l'entrée sur scène de la consommation, du pouvoir d'achat et des salaires.

La première escarmouche est venue du côté de la déflation. Que n'a-t-on entendu, lorsque, accidentellement, l'indice mensuel de l'INSEE a enregistré une diminution de 0,1 % ? La première déflation depuis 1935 ; le risque de voir la crise se propager par la baisse des prix ; les politiques d'orthodoxie financière disqualifiées au nom du précédent Laval de 1935 avec, en arrière-plan, les réminiscences « collabo » associées à ce nom maudit ; l'analogie avec la politique Salazar ; le refrain sur les risques de la déflation, encore pires que ceux de l'inflation ; l'accusation de forfaiture économique vis-à-vis de responsables supposés se tromper d'époque...

Vue de l'étranger, une telle agitation paraissait surréaliste. Dans aucun autre pays ne s'est répandue l'angoisse de la déflation et, dans un monde ouvert, la France n'allait pas, seule, déraper dans une crise déflationniste... Certes, le prix des biens immobiliers s'est effondré depuis cinq ans, mais en longue période, dix ans par exemple, leur croissance moyenne est demeurée élevée. Compte tenu de la composition des patrimoines entre actifs mobiliers et immobiliers, ceux-ci ont connu une envolée, sans commune mesure avec la hausse des revenus. Les mêmes qui vilipendent la réapparition de la rente, la résurrection du capital ou la progression des dividendes et des plus-values, ne peuvent, sauf à se contredire, s'inquiéter d'une hypothétique déflation des actifs. Quant aux prix à la consommation, même si l'indice les surestime en appréhendant difficilement les améliorations des produits et les rabais de négociation, ils n'ont jamais diminué trois mois de suite, fût-ce aux pires moments de la récession. Sauf à perdre tout sens du relatif, la déflation actuelle ressemble autant à celle des années trente qu'un ordinateur à un transistor... La cabale a d'ailleurs fait long feu ; elle s'est évanouie encore plus brutalement qu'elle était née, conformément aux règles du débat économique en France : violent, idéologique, aux antipodes de l'empirisme et mené sabre au clair, à l'image du jeu politique et intellectuel.

A peine éteinte côté prix, la querelle a repris, centrée cette fois-ci sur le partage de la valeur ajoutée entre salaires et profits. Avec, au départ, un constat simple : depuis dix ans, la part des profits s'est substantiellement accrue aux dépens de la masse salariale. Ce n'est pas une découverte économique surprenante. Des taux d'intérêt réels positifs, une faible inflation, des salaires en progression lente et le tour est joué. Le discours de la relance trouve, dans ce diagnostic, un formidable alibi. Une économie ne peut avoir pour seuls moteurs les exportations et les investissements ; il faut doper la consommation et donc accroître les salaires. Voilà réapparues les idées de l'après-guerre sur le partage tripartite de la valeur ajoutée et sur l'impulsion, par l'Etat, de hausses salariales. Seul ennui, la puissance publique n'est directement responsable que des salaires de ses fonctionnaires et les augmenter va à rebours de l'impératif d'économies budgétaires. Quant aux rémunérations du secteur privé, elles échappent à l'Etat, hormis le SMIC dont chacun reconnaît enfin, *mezza voce*, que l'accroître est une cause directe d'augmentation du chômage, même si le gouvernement Jospin n'a pu s'empêcher de sacrifier à ce rite. Si les syndicats avaient encore le moindre poids dans les entreprises privées, ils auraient tiré parti de l'impressionnante prospérité de ces dernières pour imposer des hausses salariales, mais hors d'état d'établir le moindre rapport de forces en leur faveur, ils ne peuvent désormais tabler que sur le despotisme éclairé du patronat. Comment l'Etat pourrait-il se substituer à une dialectique sociale défaillante ? Etrange perception de l'économie moderne que de l'imaginer réglant, *ex cathedra*, le poids des salaires dans la valeur ajoutée, tel un plombier le débit d'un robinet. La France demeure le seul pays où, héritage du primat de la comptabilité nationale, le montant de la masse salariale est un sujet de discussion. Ce n'est pourtant que le solde d'une infinité de décisions microéconomiques et de compromis sociaux. De là, un affrontement abstrait : chacun peut dauber sur la relance salariale ; nul n'est en état de l'imposer.

Dans l'esprit de ses promoteurs, elle se justifie par un désir d'équité et plus encore par la volonté de nourrir la consommation. C'est faire fi du comportement d'épargne des Français. Qui peut garantir qu'une augmentation des salaires ne se transformera pas en points supplémentaires d'épargne et que l'argent distribué ne prendra pas immédiatement la direction des caisses d'épargne et des contrats d'assurance-vie ? L'épargnant est imprévisible. Il accumule au moment où on l'imagine dépensier, il dépense quand la logique le pousserait à thésauriser. C'est affaire de psychologie collective, de moment, de hasard, et non de gesticulation politique : plus les gouvernements appellent les Français à dépenser, plus ceux-ci y voient l'expression d'un désarroi, moins ils sont tentés de céder aux sirènes. L'épargne est le « trou noir » de l'action économique, ce qui relativise toutes les discussions sur le pouvoir d'achat. L'époque est loin où, sous la férule dominante du keynésianisme, on pensait mesurer, à la décimale près, les propensions marginales à consommer et à épargner. Elles sont, désormais, aléatoires et ce dans une proportion telle que le différentiel de croissance devient, lui aussi, non maîtrisable. Non seulement les évolutions du pouvoir d'achat s'avèrent, à l'expérience, éloignées du sentiment dominant — combien de fois s'est-on aperçu *a posteriori* qu'il a crû au moment où tout le monde l'imaginait en stagnation ? — mais elles ne constituent pas le levier d'intervention dont les tenants d'une gestion macroéconomique rêvent.

Ni la consommation ni l'épargne ne se décrètent, c'est affaire de psychologie collective. Ainsi une distribution artificielle de pouvoir d'achat, dont les bénéficiaires devineraient qu'elle supposerait ensuite un retour de bâton rigoureux, ira-t-elle gonfler les comptes d'épargne, davantage que les magasins. A l'inverse, une politique macroéconomique austère qui contribuerait à améliorer l'emploi poussera-t-elle les consommateurs à déthésauriser et donc à accélérer la reprise par la consommation. Croire en un réglage fin, depuis le sommet entre pouvoir d'achat, consommation et épargne, c'est faire fi de la nature de nos économies modernes, davantage modelées par l'humeur de l'opinion et ses soubresauts que par des principes de « plomberie économique » ; le risque, dès lors, est grand que toute mesure, perçue comme contraire aux principes élémentaires de bonne gestion, aboutisse à l'inverse de son objectif initial.

*
* *

La monnaie hors jeu, les manipulations de pouvoir d'achat hasardeuses, la quête de l'impossible salut a trouvé un autre rêve, le partage du travail avec, à l'appui, un argument historique : la durée d'activité, au cours d'une vie, ne cesse de réduire ; il suffit donc de forcer un peu les feux, d'anticiper sur la tendance, afin de régler le drame circonstanciel du chômage. Derrière cette pétition de principe, se multiplient les idées et les mesures, les unes fantasmagoriques, les autres marquées au coin du « système D » technocratique, les dernières, enfin, macroéconomiquement tolérables mais butant sur le granit de la société et son incapacité à accepter certaines mutations.

A tout seigneur, tout honneur dans la fantasmagorie : l'abaissement de l'âge de la retraite. Aussi voit-on épisodiquement resurgir l'idée qu'anticiper à cinquante-cinq ans la retraite dégagerait des masses d'emplois et qu'il s'agit, en définitive, d'appliquer à la société entière la thérapie d'urgence que les entreprises en difficulté se sont imposée avec les mille et un mécanismes de préretraites, de « Fonds national pour l'emploi », de « Convention sidérurgie ». L'idée est naturellement populaire, dès lors que son coût, présent et futur, est passé sous silence. L'espace ouvert aux divagations publiques devient alors infini. Elles se heurtent néanmoins à la conscience diffuse des contraintes démographiques, dont a témoigné, en 1993, l'acceptation de la réforme des retraites. Michel Rocard avait pu dire, avec raison, en 1990, qu'une telle réforme ferait « sauter deux à trois gouvernements » : c'était à ce moment-là vrai. Puis, de débats publics en livres blancs, de discussions collectives en affrontements d'idées, la conscience s'est imposée de l'impasse dans laquelle nous entrions, et le gouvernement Balladur a été capable de donner, le moment venu, le coup de bistouri. Le sentiment dominant n'a pu, dès lors, que se développer, des risques qui pèseront demain sur les retraites. Ainsi, face aux aspirations à la retraite à cinquante-cinq ans, s'élève un discours, plutôt bien reçu par l'opinion, sur l'impossibilité de la financer, sous peine d'imposer une charge insupportable aux actifs ou d'amputer, de manière massive, les pensions. Mais le simple fait que ce débat puisse encore avoir lieu rend iconoclaste l'affirmation d'une évidence dont la plupart des autres pays sont, eux, conscients. Avec, en perspective, le creux démographique des années 2010, 2020, il faudra bientôt relever l'âge de départ en retraite ou, afin de sauvegarder symboliquement cet acquis social — suivant le vocabulaire rituel — allonger le nombre d'années de cotisations qui donne droit à une pension au taux plein. Nous ne sommes pas menacés d'un abaissement de l'âge de retraite, mais la tonalité ambiante nous interdit, comme nous le devrions, de le retarder.

Plus intense la pression en faveur des « 35 heures payées 39 » : le parti socialiste en a même fait, en mai, la pierre angulaire de son programme électoral, avec, comme seul tempérament, un hypothétique étalement dans le temps. Au contre-argument le plus évident — les effets macroéconomiquement dévastateurs, en 1982, des « 39 heures payées 40 » —, les défenseurs de cette étrange idée répondent par deux affirmations : les progrès de productivité s'accroissent et pourront financer le coût de la mesure ; les effets de relance du pouvoir d'achat permettront aux entreprises d'abaisser leurs coûts fixes et donc financeront la surcharge salariale. La hausse de la productivité ? Fadaise : il ne faut pas confondre l'explosion du progrès technique et la productivité ; celle-ci progresse moins vite qu'autrefois, compte tenu du poids grandissant des services et, surtout, comment imaginer que nous puissions consacrer l'intégralité de nos maigres gains de productivité à financer les salaires, alors que nos concurrents emploient les leurs à investir ? Le baume de la relance ? Loufoquerie : les 35 heures payées 39 équivalent à accorder cinq semaines supplémentaires de congés payés. Qui peut croire à la capacité de nos économies de supporter, même étalé sur trois ans, le doublement des congés payés ? C'est raser gratis.

Il existe certes des versions moins primaires de partage du travail que celle prônée, ce printemps, par les seuls socialistes français, au grand dam du monde entier. Ainsi de la proposition de Michel Rocard de passer à la semaine de quatre jours, grâce à un « reprofilage » des cotisations sociales, une compensation salariale sauf pour les plus basses rémunérations, et une amélioration de la productivité liée à une plus grande flexibilité des équipements. L'idée mérite-t-elle d'annoncer la création d'un million de nouveaux emplois, comme l'a fait l'ancien Premier ministre ? C'est toute l'ambiguïté d'une démarche qui confond microéconomie et macroéconomie et qui extrapole, à l'échelle du pays entier, ce qui vaut pour telle ou telle entreprise. A-t-on jamais entendu un homme politique allemand calculer ce que signifierait, au niveau de la République fédérale, la généralisation de l'accord Volkswagen sur les 35 heures, avec réduction parallèle des salaires ? Une approche aussi abstraite serait immédiatement rejetée outre-Rhin par une élite suffisamment avertie du fonctionnement de l'économie de marché pour savoir que les données macroéconomiques s'imposent *ex post* et que les seules réalités significatives *ex ante* sont microéconomiques.

Il en va de la suggestion de Michel Rocard comme de la loi Robien devenue, du temps du gouvernement Juppé, l'alpha et l'omega de la politique sociale. Sans doute correspondent-elles aux besoins de maintes entreprises, mais transformées en instruments centralisés de partage du travail, elles deviennent contreproductives. Encore existe-t-il entre ces deux démarches une différence de principe : l'approche Rocard ne se conçoit qu'avec une contribution des salariés aux côtés de celles de l'Etat et de l'entreprise ; la loi Robien tend à accréditer l'idée que les travailleurs n'ont pas à apporter leur concours financier à une réduction du temps de travail, puisque la collectivité la prend en charge. Le risque est grand d'une antipédagogie, même si la plupart des accords conclus sous l'égide de ce texte, tel celui de Moulinex, insère le dispositif dans une négociation sociale plus large et donc alimentée par les concessions de toutes les parties.

Chacun sait que le seul partage du travail efficace relève d'une approche différente, c'est-à-dire du développement du temps partiel. Ainsi concerne-t-il 35 % de la population active aux Pays-Bas, contre 15 % en France. De même faut-il regarder du côté de l'instauration du temps choisi, de dispositifs de capital-temps, de la mise en place de retraites partielles, donc de toutes les discussions sociales qui font du temps de travail, non un agrégat global dont la manipulation centralisée permettrait de réduire le chômage, mais une variable propre à la gestion de chaque entreprise, voire de chaque fonction de l'entreprise. Mais l'intensité du débat macroéconomique interdit un tel aveu : ce serait admettre publiquement l'inaptitude de la régulation centrale et la primauté de la vie des entreprises par rapport aux lourdes machineries, mises en mouvement par le pouvoir politique, et qui participent, toutes, de son besoin vital de faire croire à l'opinion qu'il gère l'économie comme on conduit une voiture.

De ce point de vue, le débat sur le temps de travail est le meilleur témoignage de la pérennité d'une exception française. Alors que le goût de la manipulation monétaire n'est que le reflet modernisé de notre vieille tradition protectionniste, le mythe du partage du travail, qui ne se manifeste dans aucun autre pays, traduit une confusion durable entre les niveaux de régulation, c'est-à-dire entre un pouvoir central qui se donne l'illusion de répartir, tantôt le revenu, tantôt le travail, et les acteurs microéconomiques dont l'idéologie ambiante persiste encore à nier la primauté. Pour qui réfléchit froidement, toute analyse globale sur la durée du travail devrait, dans un monde ouvert, conduire à prôner son allongement puisque Français et Allemands travaillent trois cents heures de moins par an que les Américains. Ce serait aussi faux que de défendre la réduction générale du temps de travail à 35 heures, dès lors que l'excédent de notre commerce extérieur témoigne de notre capacité de surmonter le handicap d'une durée du travail plus brève. Mais la généralisation du raisonnement inverse, le partage du travail, est, elle, infiniment plus contestable.

Si la France baignait dans la même compréhension de l'économie de marché que l'ensemble de ses voisins, la discussion ne porterait jamais sur une référence salariale globale ou sur une modification, impulsée du sommet, de la durée de travail. Ce sont des décisions microéconomiques, nées du débat social propre à chaque entreprise, dont les données nationales constituent une simple agrégation *a posteriori*. Nulle part ailleurs n'envisagerait-on une conférence, à l'initiative du gouvernement, sur les salaires et le temps de travail... Mais nous sommes à des années-lumière de cette évidence et la faiblesse des partenaires sociaux nous maintient dans notre infantilisme. Ce sont les syndicats de Volkswagen qui imposent le partage du revenu et du travail ; il ne viendrait pas à l'idée du chancelier Kohl ou de son adversaire social-démocrate de proposer une loi, afin de généraliser le même dispositif à l'ensemble du tissu économique ! L'anémie de la vie contractuelle fait de l'Etat l'acteur fantôme de la gestion socio-économique : il s'en imagine le *deus ex machina*, alors qu'il est le notaire de la réalité.

*
* *

Au jeu des illusions, il en existe une, mieux établie depuis Keynes, que la répartition *ex cathedra* du revenu et du travail, le réglage de la dépense publique. Ennoblie pendant les « trente glorieuses » puisque la *vox populi* en a fait le fondement de la prospérité, elle pourrait demeurer l'ultime recours aux yeux de ceux qui cherchent « la » solution. Ce fut longtemps le cas. Mais aujourd'hui, le keynésianisme dans sa version caricaturale, la relance par le déficit public, est sur la défensive. Il souffre d'avoir été trop pratiqué. Alors que Keynes raisonnait sur le principe de déficits succédant à des périodes d'équilibres, voire d'excédents budgétaires, nous nous sommes installés, depuis vingt ans, dans une situation d'une autre nature, le déséquilibre structurel. Quel grand Etat occidental a connu, fût-ce un an, depuis 1980, un équilibre de ses finances publiques ? Grâce à la richesse de nos pays, à la garantie implicite qu'elle offre aux prêteurs, et à la profondeur des marchés financiers, nous avons pu tricher, pendant près d'une génération, avec la réalité. L'heure de vérité a fini par sonner et les critères de Maastricht n'en constituent qu'une expression. Impossible, dès lors, de prôner une relance par le déficit. L'opinion ne se laisse plus duper, elle sait que nos économies ont dépassé le niveau raisonnable d'endettement. Aucun homme public n'ose s'avancer sur ce terrain miné ; les plus téméraires se contentent de mettre en cause le rythme de réduction des déficits.

Mais comme le budget ne peut échapper à la quête de l'impossible salut, un autre mythe est apparu, le redéploiement des crédits. L'augmentation des dépenses d'éducation ? Possible : il suffit de redéployer. L'amélioration de la couverture d'assurance-maladie ? Evident : une réaffectation y pourvoira. L'abaissement des cotisations sociales ? Aisé : rien n'est plus naturel que d'utiliser, deux fois, les mêmes crédits... Ainsi une nouvelle équation s'impose-t-elle : la dépense publique augmente, à prélèvements fiscaux et à déficits les uns et les autres constants, grâce aux miracles toujours renouvelés du redéploiement budgétaire ! La réalité est naturellement plus triste. Les dépenses de personnel sont intangibles à court terme, à moins — *horresco referens* — de mettre à bas le statut de la fonction publique... Le service de la dette a été allégé par une réduction des taux d'intérêt qui a, peu ou prou, atteint son maximum. Toucher aux conditions des emprunts serait évidemment sacrilège. Louis XVIII n'a même pas osé le faire et a assumé les dettes de la Révolution et de l'Empire... Demeure donc, comme vivier de ce mythique redéploiement, le chapitre IV du budget, c'est-à-dire le fatras des dépenses d'intervention. A-t-on trouvé le gouvernement dont le ministre de l'Agriculture ira annoncer aux paysans la réduction de 20 % de son budget, le ministre du Logement la suppression des aides à la personne, le ministre des

Transports la division par deux des crédits dévolus à la SNCF, le ministre du Travail la baisse brutale des allocations chômage ? Tels seraient, en effet, les ingrédients d'un redéploiement... Sur plusieurs années, tout est possible ; sur un an, c'est de la pure fantasmagorie. D'autres pays ont, en cinq ou dix ans, bouleversé leurs structures budgétaires, mais c'est une œuvre de longue haleine. Elle ne répond pas aux canons de la solution miracle telle que l'élite française continue à la rechercher.

*

* *

Des manipulations monétaires interdites, un illusoire partage global du revenu et du travail, un fantomatique redéploiement budgétaire : faut-il faire, *perinde ac cadaver*, l'éloge de l'immobilisme ? La mondialisation conduirait-elle, comme le prétendent ses adversaires, au paroxysme du conservatisme ? Une philosophie réactionnaire est-elle inscrite dans les gènes du marché-roi ? C'est évidemment l'inverse. Accepter les faits, admettre les lois de la gravitation économique, refuser la propension, si typiquement française, à rechercher les solutions miracles, respecter les impératifs de l'orthodoxie économique n'interdisent ni l'action, ni l'initiative, ni le mouvement. Quel meilleur témoignage que l'instauration, à la force du poignet, de l'euro ? Quelle manifestation supérieure du primat du politique peut-on inventer ? Mais de cet acte incroyable et réussi, que de leçons à tirer sur l'art et la manière d'agir dans un univers mondialisé ! C'est la technique du judoka qui s'impose afin de faire d'une faiblesse une force. C'est l'éloge de la persévérance dans un univers médiatique qui, en principe, la proscrit et ne cultive que de l'impatience. C'est la démonstration de l'ascendant des hommes d'Etat, dès lors qu'ils font corps avec une utopie réaliste. A l'aune d'une telle opération, nos problèmes de pays riches apparaissent par comparaison banals et solubles, à condition de les prendre en charge avec les mêmes instruments : des idées simples, de la volonté, du temps et le talent, si particulier, de chevaucher les événements et de les retourner à son profit. Même le chômage ne devrait pas y résister...

Chapitre 5

La fin du chômage ?

Le chômage n'est le produit ni de la mondialisation, ni de l'euro, ni des critères de Maastricht, ni de l'orthodoxie macroéconomique, ni de la faiblesse de la demande, ni de la politique monétaire, ni d'une durée trop élevée du travail, ni de la technologie, ni de l'informatique, ni de l'automatisation, ni... ni... C'est le résultat d'un choix que nos sociétés, à coup sûr la société française, ont fait, troquant la pérennité du statut de la classe moyenne contre l'apparition d'un nouveau lumpen-prolétariat où se mêlent chômeurs de longue durée, marginaux, exclus, nouveaux pauvres.

A force de concentrer le débat sur une réalité aussi insaisissable que le chômage, l'opinion réussit le tour de force d'occulter la vraie interrogation, celle qui traduit sous de nouvelles formes la résurrection de la question sociale, telle qu'elle se posait au XIXe siècle, la montée d'une « sous-société » que nos immenses machines à redistribuer ne parviennent ni à maîtriser, ni même à saisir.

Il existe une préférence française pour le chômage et l'exclusion, mais ce n'est pas une fatalité. D'autres pays ont su y échapper, soit comme les Etats-Unis et l'Angleterre, en donnant la priorité aux *working poors*, aux travailleurs pauvres sur les chômeurs aidés, soit comme les Pays-Bas et les pays de l'Europe du Nord, en inventant de nouvelles formes de solidarité qui, à la différence de l'Etat-Providence traditionnel, demeurent compatibles avec les impératifs de la mondialisation.

Nous n'avons en fait nul besoin d'un Einstein économique, qui découvrirait la solution au chômage, telle « une nouvelle relativité ». Les remèdes sont connus ; ils s'étagent du plus intelligent et du plus utopique au plus raisonnable. Ce n'est pas une affaire d'idées, mais de courage des élites politiques, patronales et syndicales et de plasticité de la société. La fin du chômage est à notre portée. Si celui-ci continue à progresser, c'est l'expression d'une lâcheté collective, de notre prédilection pour les solutions miracles et de notre refus d'un effort collectif, besogneux et de longue haleine. Arrêtons de crier haro sur la mondialisation et la construction européenne et pratiquons un minimum d'introspection.

*

* *

La multitude des malheurs individuels qui se cache derrière les données approximatives sur le chômage nous priverait-elle du droit aux vérités iconoclastes ?

Iconoclaste, l'idée que les chiffres du chômage sont sans signification et que seule la durée moyenne est un étalon de mesure. Les études sont innombrables qui calculent, au-delà des chômeurs indemnisés, les centaines de milliers d'individus en stages, contrats temporaires, positions d'attente et qui, de catégorie en catégorie, mesurent les cinq à six millions d'actifs non insérés ou mal insérés en France sur le marché du travail. Et encore ces données ne prennent-elles pas en compte la demande latente de travail qui ne se manifeste pas auprès de l'ANPE. Ainsi de l'« effet de flexion » cher aux économistes : quand dans un endroit, cent emplois industriels sont créés, le chômage ne diminue que de cinquante ; quand ce sont des emplois de services, il ne diminue que de 20 ! Pourquoi ? L'apparition de nouveaux postes de travail incite des personnes qui avaient envie de travailler mais estimaient n'avoir aucune chance, à s'inscrire à l'Agence pour l'emploi : le mimétisme joue et l'emploi réveille le désir de travail. Comme celui-ci provient surtout de femmes, plus attirées par le tertiaire que par l'industrie, elles sont plus nombreuses à se déclarer en recherche d'emplois, quand elles voient se créer des postes dans la distribution ou la banque. Jusqu'où va cette demande latente de travail ? Quelle fraction de la population rechercherait une embauche dans une économie de plein emploi, sans que jouent autocensures et inhibitions ? Impossible, naturellement, de le savoir, de sorte que les chiffres du chômage sous-estiment, à coup sûr, le désir de travail, ainsi que la précarité.

Mais à l'inverse, les données globales comptabilisent dans une proportion là aussi inconnue, des faux chômeurs qui travaillent au noir, ou des individus qui ont choisi, rationnellement, de s'inscrire au chômage compte tenu des systèmes d'aides en vigueur, au lieu d'accepter le moindre « petit boulot ». En témoigne l'écart de chômage féminin entre la France et la Grande-Bretagne. Derrière les 6 % de différence de taux de chômage global (12 % contre 6 %) qui suffisent à changer le climat et l'atmosphère d'une société et qui font aujourd'hui de l'Angleterre un pays plein d'allant, se glissent des réalités contradictoires : un niveau voisin pour les hommes, de l'ordre de 11 %, et une différence massive pour les femmes (5 % outre-Manche, 15 % en France). Il existe une frange de la population féminine qui, sans perspective d'allocations et de subsides, se précipite au Royaume-Uni vers le premier *job* mal payé et qui préfère, chez nous, s'inscrire au chômage. Ce n'est certes pas la manifestation, de la part de ces femmes, d'un « chômage de confort », mais d'un choix rationnel en fonction des règles et des pratiques en vigueur en France. Combien, sur les trois millions de chômeurs, travaillent au noir ou effectuent le choix délibéré du chômage ? Nul ne peut le dire avec précision, mais le nombre, surtout dans certaines régions, est loin d'être symbolique. Ainsi le calcul du taux de chômage, ces 7, 9 ou 12 % mythiques qui suffisent à fonder le jugement international sur un pays, est-il imprécis et contestable. Il dérape par les deux extrêmes, sous-estimant la précarité, ne prenant pas en compte certaines catégories, comme les invalides aux Pays-Bas, qui tiennent lieu de substitut au non-emploi, couvrant, de son manteau d'émotion, le travail noir, occultant l'alternative petit travail ou indemnités : comment, à cette aune-là, mesurer à la décimale près les signes de progrès ou de régression ?

Le véritable indicateur est ailleurs. C'est la durée

moyenne du chômage. Elle seule fait le partage entre un chômage de quelques semaines, comme aux Etats-Unis, transition banale entre deux emplois, et un phénomène qui voit, à côté de salariés qui retrouvent rapidement une activité, se creuser le chômage de longue durée et, à travers lui, se mettre en place la matrice de l'exclusion. Bien davantage que les 12,8 % de la population active au chômage, c'est la durée moyenne — treize mois — qui mesure le drame français, par comparaison avec les trois mois américains. Aux Etats-Unis, 2 % de la population active perd son emploi chaque mois, contre 0,4 % en France. Mais malgré ce gigantesque aller et retour de la main-d'œuvre américaine, le chômage moyen n'excède pas en effet un trimestre, alors qu'il est supérieur à un an en France. On entre et on sort cinq fois plus souvent du chômage aux Etats-Unis qu'en France, ce qui mesure l'écart de mentalités, les différences de comportement et l'efficacité tellement plus élevée du marché du travail outre-Atlantique.

La rigidité française n'est malheureusement pas nouvelle. En 1968, avec un chômage infinitésimal, il fallait déjà neuf mois pour qu'un demandeur d'emploi retrouve, chez nous, un emploi. Et pourtant, même en France, le marché est puissant, puisque quatre millions de Français changent d'emploi chaque année. Dans un pays où près d'un tiers de la population active vit, d'une manière ou d'une autre, sous statut, et demeure à l'abri de toute mobilité, un travailleur sur quatre bouge, dans le secteur concurrentiel, en un an ! Il existe deux marchés du travail, l'un mobile et efficace, même s'il l'est moins qu'aux Etats-Unis, l'autre rigide et facteur d'exclusion. C'est d'ailleurs une spécialité européenne, puisque 40 % des chômeurs le sont, en Europe, depuis plus d'un an, contre 11 % aux Etats-Unis.

Vu, avec pour critère la durée moyenne du chômage, le drame est moins celui des jeunes, contrairement aux idées reçues, que celui des travailleurs non qualifiés. En effet, les jeunes mettent en moyenne huit mois pour retrouver un emploi, et encore les statistiques sont-elles mécaniquement alourdies par le nombre pour eux élevé d'entrants sur le marché du travail, par comparaison avec les autres catégories. Ce sont les travailleurs âgés de plus de cinquante ans qui forment les gros bataillons des chômeurs de longue durée : il leur faut, en moyenne, vingt-deux mois pour être embauchés au prix, qui plus est, d'une baisse de 50 % de leur salaire.

Mais la pire discrimination se trouve ailleurs, du côté des travailleurs non qualifiés. Ils ont pris de plein fouet le chômage de masse. Au début des années 1970, le taux de chômage était de 2,5 % pour les travailleurs qualifiés et de 3,5 % pour les non qualifiés ; en 1990, il n'atteignait que 4,5 % pour les premiers, mais s'envolait jusqu'à 20 % pour les seconds, et ce pour une raison évidente : un ouvrier qualifié peut toujours accepter un travail non qualifié, mais l'inverse est impossible ! Et pire, les travailleurs non qualifiés mettent en France deux fois plus de temps à retrouver un emploi que les travailleurs qualifiés, alors qu'aux Etats-Unis une telle discrimination de fait ne joue pas. La durée de chômage, incroyablement plus courte, est par ailleurs la même pour les uns et pour les autres.

Au-delà des discussions sans fin sur le nombre de

chômeurs, le vrai diagnostic s'impose : la France fabrique des exclus à partir des chômeurs de longue durée et la machine à exclure fonctionne d'autant plus efficacement qu'elle s'adresse aux travailleurs les moins qualifiés et les plus âgés. La société américaine fabrique de l'inégalité mais elle ne proscrit pas ; la société française se croit plus égalitaire mais elle ostracise. Quelles autres explications trouver à cette situation, une fois répétées les antiennes traditionnelles sur les comportements collectifs, les réflexes culturels, l'adaptation à l'économie de marché, que l'incidence des règles juridiques et surtout les niveaux de salaires ? Comment nier la corrélation entre un tel phénomène et une structure salariale qui a vu les rémunérations réelles des travailleurs non qualifiés baisser de 1980 à 1989 aux Etats-Unis de 1,2 % par an, au Canada de 1 %, en Australie de 0,8 % mais s'élever en France de 0,5 % et en Allemagne de 2,5 % ?

Derrière les chiffres globaux du chômage, se dessine une triple réalité : des travailleurs entre deux emplois pendant quelques semaines ou de brefs mois, les mieux protégés par le régime des allocations et qui font face à une situation de plus en plus banale en économie de marché ; des chômeurs qui ont fait, en conscience, le choix de s'inscrire à l'ANPE, soit pour couvrir une activité clandestine, soit par préférence pour les aides de l'Etat-Providence et enfin une population de chômeurs de longue durée, les moins qualifiés, les moins instruits, les moins protégés donc les plus malheureux et les plus fragiles. Le Welfare State s'occupe bien des premiers, profite aux seconds et traite mal les derniers qui auraient, pourtant, davantage besoin de lui. Une fois de plus, l'égalitarisme affiché de notre système social est contreproductif. Au lieu de concentrer ses efforts sur ceux qui en ont le plus besoin, il les disperse au risque de laisser se creuser l'exclusion.

Autre élément de décor, trop souvent sous-estimé, la démographie. C'est un tel rouleau compresseur qu'il pourrait aboutir, à long terme, à la quasi-disparition du chômage et à l'obligation d'ouvrir, à nouveau, les vannes de l'immigration ! Rien n'est certain, car les effets du vieillissement seront contrebalancés par le recul de l'âge de la retraite et l'aspiration plus grande des femmes à entrer sur le marché du travail. Mais il existe un scénario, parmi d'autres, qui conduirait, à distance d'une génération, à une telle situation !

Ainsi le miracle anglais doit-il au moins autant aux effets mécaniques de la démographie qu'aux bienfaits de la flexibilité. La population active a en effet diminué de 3 % en Grande-Bretagne depuis 1990, alors qu'elle s'accroissait de 3 % en France : mis bout à bout, ces deux chiffres suffisent à expliquer un écart de 1,5 million de chômeurs entre les deux pays ! Nous ne sommes pas, nous Français, à la veille d'un retournement démographique d'une telle ampleur : à en croire l'INSEE, notre population active croîtra encore de 165 000 personnes par an jusqu'en 2000, de 124 000 jusqu'en 2006, avant d'entamer une décrue lente. Mais avec pour hypothèse 250 000 emplois créés par an, ce qui correspond aux effets mécaniques d'une croissance de 2 à 2,5 % annuelle, les chiffres du chômage commenceront à diminuer fortement. Parier sur les seuls effets de la démographie est une illusion. Ils permettent néanmoins d'espérer avoir franchi le pic du chômage, sauf si des politiques macroéconomiques contre nature le font, par maladresse, grimper.

La démographie n'offrira, d'ailleurs, qu'un « lâche soulagement » car le répit sur le front du chômage sera compensé par d'autres déséquilibres. Le vieillissement de la population active, avec pour corollaire un risque pour la productivité, une moindre innovation, un baisse du tonus. Une pression toujours accrue sur les dépenses de santé, et l'accentuation d'une situation qui voit déjà une fraction importante des dépenses hospitalières concentrée sur les dix derniers jours de la vie des malades. Une bataille de plus en plus brutale entre générations pour répartir, entre elles, le financement du système de retraites, actifs et retraités essayant de se passer le mistigri de la baisse du pouvoir d'achat. Une société vieillie à faible chômage ne vaut sans doute guère mieux qu'une société jeune à fort chômage : elle a même moins de marges de jeu. Mais à court terme le répit démographique peut faire croire à certains pays qu'ils ont vaincu le chômage et le désir des hommes publics de s'en attribuer le succès les pousse à occulter ce qui relève d'un phénomène lourd, le plus lourd de tous, l'« infrastructure des infrastructures » comme auraient pu dire les marxistes, la démographie.

*
* *

La médiocrité des résultats français en matière de chômage a suscité, par comparaison, un engouement presque irraisonné pour d'autres modèles, pratiqués par des pays culturellement et économiquement proches, qui semblent avoir durablement réduit le sous-emploi. La mode est désormais, pour les plus interventionnistes, au modèle hollandais et pour les plus libéraux au modèle anglais : la réalité mérite-t-elle une telle dévotion ?

Les Pays-Bas se sont substitués, dans l'esprit des partisans de l'« économie sociale de marché », à l'éternel modèle allemand dont le fonctionnement harmonieux a été perturbé par l'unification et les secousses macroéconomiques qui l'ont accompagnée. Pour un chantre de la « pensée unique », la Hollande constitue un cas d'école. L'ensemble des acteurs économiques et sociaux a pris conscience en 1983 de l'engrenage dans lequel le pays s'était laissé enfermer et a entamé une politique de longue haleine, afin de desserrer le garrot. Sur une douzaine d'années, le cycle infernal dépenses publiques, inflation, chômage, faible croissance a pu être brisé.

La recette ne relève pas de conceptions macroéconomiques hypersophistiquées, mais de prescriptions simples. D'abord, la baisse des dépenses publiques : elles représentaient en 1983 60 % du produit intérieur ; elles sont tombées aujourd'hui à 50 % et elles doivent continuer à se réduire de 0,4 % par an jusqu'en 1998. La rigueur budgétaire social-démocrate de la Hollande est sans commune mesure plus efficace de ce point de vue que le libéralisme thatchérien. Pendant la même période, la dépense publique est passée par comparaison en France de 46 % à 54 %.

Ensuite, une vigoureuse politique de réduction du

coût du travail, en particulier du travail non qualifié ; elle a comporté à la fois la maîtrise du salaire minimum et la réduction des charges sociales. D'un côté, le salaire minimum qui représentait en 1984 66 % du salaire moyen est tombé en 1995 à 54 %, évolution inverse de la France qui a vu le SMIC doubler sur vingt ans, alors que le salaire moyen n'augmentait, lui, que de 60 %. S'est ajoutée chez nos voisins hollandais la création d'un « SMIC jeunes » pour les actifs ayant entre seize et vingt-deux ans, dont le montant va de 30 % à 85 % du SMIC, en fonction de l'âge. De l'autre côté, une réduction des charges sociales payées par les employeurs qui représentaient 23 % de la masse salariale en 1985 et sont désormais tombées à 14 %.

Par ailleurs, un contrôle plus serré des dépenses sociales, avec une baisse des allocations chômage et des allocations invalidité de 80 % à 70 % du dernier salaire, des restrictions dans l'accès aux allocations chômage, un transfert partiel de la charge des indemnités de maladie sur les entreprises afin de susciter, de leur part, de meilleurs contrôles que ceux en vigueur dans le système social et l'instauration d'une véritable flexibilité du marché du travail.

Enfin, une forte stimulation du travail à temps partiel qui occupait en 1975 15 % de la population active, c'est-à-dire le même niveau que la France aujourd'hui et qui atteint désormais 35 % : ni un système d'incitation, ni une « usine à gaz » à la française ne sont à l'origine de cette performance, mais la simple volonté unanime des partenaires sociaux !

Le résultat en termes d'emploi est impressionnant : le chômage est tombé de 1983 à 1996, de 11 % à

6,5 % et plus spécifiquement le chômage des jeunes qui représentait, il y a douze ans, 25 % d'une classe d'âge, n'est plus que de 10 % ! La catégorie des « handicapés » s'est développée, qui représente le même pourcentage de la population active que le chômage et qui, pour une part, correspond à un chômage camouflé. Dans le même esprit, comment ignorer que le taux d'emploi est bas (62 % de la population active) et que les Pays-Bas connaissent à la fois un faible degré de travail et un niveau modeste de chômage ? La Hollande n'est pas une ruche hyperactive... Ni le gouvernement social-démocrate, ni le patronat ni les syndicats ne se contentent des résultats obtenus. Sans doute les estiment-ils suffisamment fragiles pour maintenir l'effort de rigueur : ainsi veulent-ils à l'avenir exempter temporairement de la contrainte du salaire minimum les employeurs qui embauchent des chômeurs de longue durée, restreindre l'accès au régime d'invalidité, resserrer encore davantage le droit à certaines prestations sociales...

Etrange système qui mêle une flexibilité à l'américaine et une sécurité à l'allemande, qui ne s'est accompagné d'aucune symbolique libérale — le taux marginal de l'impôt sur le revenu est demeuré à 60 % — et qui ne s'est accroché à aucun des tabous de l'après-guerre. A la clef de ce succès se trouvent certains atouts propres à un petit pays pragmatique, l'extraversion et le sens de l'égalité, l'individualisme et le réflexe communautaire. Mais deux ingrédients, en principe à la portée de tous, ont aussi joué : le temps et le consensus. Seule une action de longue haleine peut bouleverser des paramètres aussi rigides que la dépense publique, le coût du travail, l'importance du salaire minimum. Et seul le consensus, sur des enjeux aussi sensibles, de l'ensemble des élites politiques, économiques et sociales est susceptible de donner du « temps au temps ». Mais si l'action publique dans ce domaine est prisonnière des effets de manche, de l'impatience de la démocratie d'opinion et de fumeux débats macroéconomiques, rien n'est possible.

Autre miracle apparent : la Grande-Bretagne, puisque le taux de chômage, 6,2 %, est aussi faible qu'aux Pays Bas et deux fois inférieur au niveau français. Tout, à propos du thatchérisme, relève de la mythologie. L'affaiblissement du pouvoir syndical, la réforme fiscale avec un abaissement à 40 % du taux marginal de l'impôt sur le revenu, les privatisations de masse, la disparition des monopoles publics, le contrôle juridictionnel des oligopoles privés, la réduction drastique des subventions étatiques, la réforme de l'Etat et le transfert au privé de certaines de ses activités, le refus du salaire minimum, la dérégulation complète du marché du travail : ce sont les symboles à inscrire sur le livre d'heures du libéralisme. A l'inverse, l'accentuation des inégalités, l'enfoncement du système éducatif, la réapparition de la pauvreté, l'accroissement des disparités régionales, la faiblesse des salaires de base, l'expansion des *working poors* : autant d'images, peut-être aussi excessives que ne le sont les mythes positifs, à mettre au débit du modèle thatchérien.

Au-delà de la rhétorique et de la polémique, quel bilan tirer, en matière d'emploi, des dix-huit ans de conservatisme en Grande-Bretagne ? Un taux de chômage faible, de l'ordre de 6 %, certes amélioré par le décalage conjoncturel dont a bénéficié l'économie britannique par rapport à ses concurrentes du continent. Un niveau de sous-emploi équivalent à celui de la France pour les hommes (11 %) ; un écart massif pour les femmes (5 % contre 15 %) qui résulte, nous le savons, de la faiblesse des protections sociales britanniques, tous ces chiffres étant significativement améliorés par le mode de comptabilisation des chômeurs limité à ceux qui perçoivent une allocation et par un nombre élevé de handicapés (4,9 % de la population active). Une structure particulière de la population active, reflet du culte thatchérien de l'artisan et du petit entrepreneur, avec 3,3 millions de travailleurs individuels. Un haut niveau de temps partiel — 6,4 millions sur 26 millions, soit près de 25 % — qui résulte de la flexibilité du marché du travail et non d'une volonté consensuelle comme aux Pays-Bas. Une performance plus moyenne pour la création d'emplois que les épigones du thatchérisme veulent le laisser croire. De 1990 à 1995, la part des effectifs employés dans la population d'âge actif a fléchi de 7,4 % (contre seulement 2,6 % en France). L'emploi total, 26 millions de personnes, est supérieur de 1 million à ce qu'il était en 1993 à la fin de la récession, mais il demeure inférieur de 700 000 au chiffre équivalent de 1990, et les effectifs de l'industrie britannique ont diminué, pendant les mêmes cinq années, de 21 % contre une baisse de 10 % en France. De manière générale, le Royaume-Uni crée moins d'emplois que la moyenne de l'Union européenne : de 1985 à 1995, l'emploi y a cru de 2,9 % contre 3,3 % en France et 4,5 % en Allemagne de l'Ouest.

Le miracle britannique n'est pas contestable, mais il est plus psychologique que chiffré. L'ombre portée du chômage ne pèse plus, outre-Manche, sur la vie de la société, avec, pour conséquence, une meilleure anticipation de l'avenir, un optimisme collectif et donc le retour de la confiance comme ressort économique. Mais les chiffres, eux, sont moins flatteurs que la mystique thatchérienne ne le prétend. Ainsi le nouveau gouvernement travailliste, au lieu de céder à la tentation, si classique ailleurs, d'une opération vérité sur les comptes publics a-t-il préféré revenir sur le mode de comptabilisation des chômeurs qu'il juge artificiel...

Vérité au-delà de la Manche ou de l'Escaut, erreur en deçà ? La réalité est moins manichéenne, même si les Pays-Bas et le Royaume-Uni démontrent à l'ensemble des pays européens qu'un taux de chômage de niveau américain n'est pas hors de leur portée et que pour y parvenir deux voies libérales s'ouvrent, l'une de gauche, l'autre de droite, l'une plus attachée à la perpétuation d'un Etat-Providence, fût-il marginalement amendé, l'autre plus hostile à la pérennité des mécanismes de solidarité, l'une compatible avec une fiscalité sévère sur les ménages, l'autre attachée à un allègement permanent des impôts, l'une construite à partir de compromis sociaux, l'autre bâtie, à la force du poignet, contre les syndicats, l'une consensuelle, l'autre conflictuelle.

*
* *

Au regard de ces deux modèles, la France fait naturellement pâle figure. Elle ne peut se réfugier derrière la faiblesse de sa croissance. Ainsi, de 1973 à 1992, l'expression française a été égale en moyenne à celle des Etats-Unis (2,3 % par an) ; au plus haut du cycle, le chômage a été de 9 % contre 5 % outre-Atlantique et au plus bas de 12 % contre 8 %. Nos modes de fonctionnement nous coûtent 4 % de chômage. C'est un différentiel à la fois considérable et résorbable : un pays prospère et sophistiqué ne peut considérer un tel objectif comme hors de sa portée. Que pouvons-nous présenter à notre décharge ? Une poussée démographique plus puissante qu'ailleurs et qui a naturellement mis plus haut la barre à partir de laquelle le chômage décroît. Un rythme de création d'emplois en amélioration : qui ne se souvient de l'époque où il fallait 4 % de croissance pour stabiliser le chômage, puis 3 % ? Nous voici désormais à 2 %, grâce, en particulier, à l'extension du travail à temps partiel. Enfin, toujours à notre crédit, une mobilité impressionnante de l'emploi dans le secteur concurrentiel, avec un *turn over* de 25 %.

Mais ces arguments de plaidoirie ne pèsent guère face au fait le plus brutal : un chômage massif de longue durée avec, pour conséquence, une exclusion en augmentation vertigineuse et une interrogation lancinante — comment, avec 50 % du produit intérieur qui transite par des mains publiques, résorber enfin la pauvreté ? — Cette question se double d'une autre : vaut-il mieux, pour l'équilibre de la société, des *working poors*, des pauvres qui travaillent, ou des malheureux pris en charge par ces « hospices de la charité », revus aux couleurs du XXIe siècle et qui ont pour supports le RMI et la kyrielle de systèmes d'aides ? S'agit-il de mieux organiser une société où le travail se fait rare ou, à l'inverse, de mettre fin à la préférence française pour le chômage et de revenir, sur une décennie, vers le plein emploi ?

Ce sont deux voies différentes qui s'ouvrent à nous. La première, l'acceptation de la rareté du travail s'accommode de son coût élevé. C'est parce qu'il est cher qu'il est rare. Elle se fixe, dès lors, trois objectifs : assurer une noria des emplois traditionnels suffisamment rapide pour éviter que les mêmes soient toujours les victimes. Mieux vaudrait, de ce point de vue, six millions de chômeurs avec une durée moyenne de six mois, que trois millions avec une moyenne de treize mois. Garantir une protection aux individus qui leur permette d'alterner les périodes de travail classique, d'activité désintéressée, de formation et de chômage sans qu'ils se sentent marginalisés : le « contrat d'activité », cher à Jean Boissonnat, va dans ce sens ; il oblige le droit du travail à sortir de l'alternative emploi ou chômage, et il maintient un lien social entre l'individu et la collectivité, indépendamment de la position qu'il occupe à un moment donné. Faire des exclus la cible privilégiée de l'Etat-Providence et non des bénéficiaires par raccroc, ce qui suppose, au nom de l'équité, de mettre fin aux mécanismes égalitaires, d'accepter le principe philosophique de la discrimination positive et de multiplier les moyens d'action, éducatifs et sociaux, en faveur des populations les plus menacées.

L'autre démarche est plus ambitieuse. Elle n'accepte pas la fatalité du chômage ; elle croit au retour du plein emploi et elle part de l'hypothèse qu'il existe trois causes principales au sous-emploi : le coût prohibitif du travail non qualifié, les rigidités du marché de l'emploi et l'arbitrage en faveur des systèmes d'aides aux dépens du travail. A ces contraintes correspondent des réponses, de la plus utopique à la plus modeste, avec à chaque fois deux versions, libérale ou social-démocrate.

Au rayon de l'utopie s'impose l'allocation universelle de revenu. Le fondement en est simple : rechercher le plein emploi et offrir un revenu décent aux plus démunis, en sortant de la contradiction entre un SMIC qui pénalise le travail non qualifié et un RMI qui serait trop proche du niveau d'un SMIC jeune à la hollandaise et qui dissuaderait ses bénéficiaires de travailler. L'idée se veut, par sa simplicité, l'œuf de Colomb. Chaque adulte aurait droit à une allocation universelle cumulable, à la différence du RMI, avec les revenus du travail et le SMIC serait, en contrepartie, supprimé. Ainsi la pression que celui-ci exerce sur le coût du travail disparaîtrait-elle ; l'incitation à prendre un emploi serait incontestable et une protection de type RMI serait généralisée. Si un allocataire recevait 2 500 F, cumulé avec un salaire faible, même à temps partiel, son revenu équivaudrait au SMIC actuel. Le coût du système est naturellement prohibitif : à 30 000 F par an et par adulte, il atteindrait 1 200 milliards, et déduction faite des 300 milliards d'aides en tout genre qui disparaîtraient, les 900 milliards à financer représenteraient 30 % du revenu disponible des ménages ! L'équation ne peut donc se boucler. A 15 000 F par an et par adulte, le surcoût est moindre, mais le mécanisme n'est plus neutre, ni pour un « RMIste » qui y perd à coup sûr, ni pour un « smicard » qui risque, lui aussi, d'y abandonner une parcelle de son maigre pouvoir d'achat.

L'allocation universelle est donc hors de notre portée ; elle suppose un *big-bang* de nos systèmes sociaux dont nos sociétés sophistiquées et à évolution lente, sont incapables. Mais comme le principe de l'impôt négatif en son temps, l'allocation universelle a une utilité pédagogique. Elle nous montre que le SMIC et le RMI, deux « droits acquis » dans la mythologie française, fonctionnent ensemble comme une machine à décourager les employeurs d'embaucher et les chômeurs de travailler. Créés l'un en 1970, l'autre en 1988, au nom du progrès social, ils n'ont développé leurs effets pervers qu'au fil du temps, et ceux-ci désormais s'additionnent et figent le jeu social. Mais, utopie fondatrice de la politique sociale, l'allocation universelle doit servir de référence pour toutes les réformes, même limitées, de l'Etat-Providence dans les prochaines années : il marque la bonne direction. C'est le mécanisme idéal pour résoudre, en théorie, la quadrature du cercle.

La vieille idée du revenu minimum se situe en deça de l'allocation universelle : elle est moins utopique, mais aussi moins efficace. L'Etat-Providence garantirait à chaque actif un revenu minimum, en contrepartie de la suppression du SMIC. Mais si celui-ci était à peine supérieur au RMI, l'incitation à ne pas travailler s'accroîtrait, et s'il était trop inférieur au SMIC, le risque de pénaliser certains smicards actuels serait trop grand. Il faudrait donc des jeux complexes de planchers et de plafonds pour compenser ces effets pervers, avec le danger de rendre le système inefficace, à force de sophistication. Mais là aussi, même improductive, la réflexion sur le revenu minimum permet de mesurer *a contrario* l'impasse dans laquelle un système social se met, en additionnant les mesures sans intégrer les effets induits qu'elles peuvent avoir les unes sur les autres.

Une fois abandonnées les utopies, le débat se recentre sur l'art du possible, compte tenu des réactions du corps social et du dosage toujours délicat entre efficacité et équité. L'impératif est clair : abaisser drastiquement le coût du travail non qualifié, dès lors que cette démarche est, l'expérience l'a prouvé, la seule à être créatrice d'emplois. Le clavier se limite, en la matière, à deux touches, le SMIC et les charges sociales. Indépendamment des tabous qui le protègent, le SMIC est, il faut le reconnaître, une barrière à l'emploi, abandonnant à leur sort ceux dont la productivité et l'efficacité ne justifient pas ce niveau de rémunération. Les voilà menacés d'une relégation durable et condamnés à osciller entre des stages insuffisants pour les aider à franchir la barrière des « petits boulots » et le chômage. Prisonnier du centralisme et de l'égalitarisme français, le dispositif s'applique uniformément à tous les secteurs économiques et à toutes les régions. Comment imaginer que les entreprises du textile, de l'automobile ou de la distribution, dont les taux de productivité et l'environnement concurrentiel n'ont rien de commun, absorbent de la même manière, le niveau du SMIC ? Comment ignorer qu'avec 6 000 F par mois on ne vit pas de la même manière en banlieue parisienne et dans le Lot-et-Garonne ? Si le SMIC avait rempli le rôle dévolu à feu le SMIG jusqu'en 1970, c'est-à-dire celui d'ultime filet de sécurité, les effets pervers n'auraient pas joué. Mais le principe des « coups de pouce », instauré au nom des meilleures intentions du monde, est devenu un instrument politique, au point de voir, en 1981, 1995 et 1997, les pouvoirs nouvellement élus fêter leur sacre par une hausse du SMIC au même titre que par l'amnistie. Sans les « coups de pouce », le SMIC serait, par le seul jeu des indexations, de 3 500 francs. Entendons-nous bien : la modicité du salaire minimum, même à son niveau actuel, les difficultés de vie des smicards, rendent sacrilège le sujet, surtout de la part d'un nanti. Mais le silence est aussi une lâcheté : c'est une manière de participer à ce complot inconscient de la société française qui rejette loin d'elle tous ceux auxquels le niveau du SMIC interdit de trouver un emploi.

Quand aurons-nous le courage, comme les Hollandais, de reconnaître qu'une inflexion, sur le long terme, du salaire minimum constitue le meilleur adjuvant à l'emploi non qualifié ? Il ne s'agit naturellement pas de supprimer le SMIC mais de le ramener à sa composante originelle, une indexation sur les prix, et au-delà de ce plancher, de le laisser se déterminer par la voie contractuelle, au niveau des branches professionnelles et donc avec une modulation régionale. Mais même ainsi modifié, le SMIC demeurera un frein à l'emploi des jeunes et des chômeurs de longue durée. Le souvenir du CIP rend insupportable, aux yeux mêmes des libéraux, l'idée d'un SMIC jeune : sur ce plan aussi, les sociaux-démocrates hollandais ont une liberté intellectuelle que la droite française n'est pas prête à pratiquer...

Ce sont eux qui envisagent de mettre entre parenthèses le salaire minimum pour l'embauche des chômeurs de longue durée. Mais les faits sont têtus, y compris à l'égard du SMIC jeunes. Au nom de quelle rationalité économique, une entreprise devrait donner le même salaire d'embauche à un débutant sans expérience et à un ouvrier de trente ans qu'elle recrute au SMIC ? La solution réside, vis-à-vis des jeunes, dans la transformation du SMIC en revenu minimum : l'entreprise serait libre de les rémunérer, pendant une période limitée, à un niveau qui se situerait entre 60 % et 100 % du SMIC et l'Etat verserait le complément. Puis, avec un système de seuils, le salaire du jeune rejoindrait obligatoirement, par exemple sur trois ans, le niveau du SMIC.

Une approche du même ordre pourrait prévaloir pour les chômeurs de longue durée : ainsi, à défaut de pouvoir se substituer aux mécanismes en place, la philosophie de l'impôt négatif permettrait-elle, pour certaines catégories particulières, de préserver leur droit à un revenu minimum et de faire sauter un frein à l'emploi dont elles sont les premières victimes. « Libéralisme sauvage » — puisque telle est l'expression rituelle — rétorquerait la gauche face à de telles mesures. Iconoclastes dans le contexte idéologique français, de telles réformes demeureraient très en deçà des pratiques en vigueur ailleurs dans le monde occidental. Revu et corrigé par ceux qui tiennent lieu en France de libéraux, le SMIC demeurerait plus élevé et plus rigide que le salaire minimum instauré par le nouveau gouvernement travailliste en Angleterre et que le SMIC à la mode hollandaise des sociaux-démocrates au pouvoir à La

Haye. Sans doute atteint-on le maximum de libéralisme avec un tel dispositif que notre société puisse s'offrir, mais au moins les acteurs de la scène française devraient-ils mesurer que, même après un remue-ménage de grande ampleur, nous demeurerions plus proches de la social-démocratie traditionnelle que du libéralisme de gauche et donc à mille lieues du modèle anglo-américain si vilipendé...

Pour ceux qui considèrent le SMIC dans sa définition actuelle comme un acquis irréversible ou comme un tabou insurmontable, demeure la piste de l'allègement des charges sociales. Celle-ci peut prendre plusieurs formes, plus ou moins ambitieuses. Une exonération des 2 000, 3 000, 4 000 ou 5 000 premiers francs payés : c'est, en théorie, le mécanisme le plus sain puisqu'il ne crée naturellement aucun effet de seuil, mais c'est bien sûr le plus coûteux. Il est évident que, pour être efficace, l'opération doit porter sur les 3 000 ou 4 000 premiers francs, mais son coût dépasse les 300 milliards de francs. La financer supposerait d'y affecter les 130 milliards de francs d'aides en tout genre à l'emploi et de lever une cotisation, de type CSG ou RDS, de plus de 3 %... Un tel sacrifice collectif exigerait, de la société française et de ses acteurs principaux, une solidarité à l'égard des plus fragiles, aux antipodes de l'atmosphère ambiante. Peut-on imaginer un effort de cette ampleur dans un pays où les accords de type Volkswagen, c'est-à-dire un troc entre un modeste abandon de pouvoir d'achat et la sauvegarde de milliers d'emplois, sont inimaginables ? Quel homme public, qui n'a à la bouche que les mots de solidarité et de justice sociale, osera tenir au pays un tel discours ? Quel leader d'opinion prendra le risque de plaider pour un prélèvement de 3 % sur le pouvoir d'achat collectif, au nom de la création de centaines de milliers de postes ? Comment convaincre le pays, dont le niveau de vie a augmenté de plus de 50 % depuis le début de la crise, qu'à condition d'en restituer moins de 5 %, il peut réduire drastiquement le chômage ? Voilà l'idéologie solidaire qu'auraient dû véhiculer, avant d'arriver au pouvoir, les responsables de la gauche, au lieu d'inventer des équations macroéconomiques surréalistes destinées à réduire du même pas le chômage, les impôts et le temps de travail. Mais cette gauche-là n'existe pas...

A défaut de l'exonération sur les premiers milliers de francs salariaux, il existe des dispositifs plus modestes. Ainsi, dans le fil des mesures déjà centrées sur les salaires compris entre le SMIC et le SMIC multiplié par 1,3, une exonération complète des charges pour cette catégorie salariale, qui serait financée par l'essentiel des 130 milliards de francs d'aides. Cette manne est en effet dévolue à un inventaire à la Prévert de l'interventionnisme public avec vingt-six procédures différentes et incompréhensibles, à l'efficacité plus que douteuse. L'opération aurait un effet majeur en termes de créations d'emplois, mais elle s'accompagnerait d'un inconvénient, à long terme, grave : l'apparition d'une coupure brutale entre les emplois exonérés et les emplois non exonérés, avec la tentation naturelle, de la part des patrons, de limiter le passage des uns aux autres. Faudrait-il que le salarié mérite une promotion pour que son employeur accepte le ressaut qui l'accompagnerait en termes de charges sociales ! La barrière qui partage aujourd'hui, au niveau du SMIC, le monde du travail et la sous-société des exclus se déplacerait vers le SMIC multiplié par 1,3 avec une césure cette fois-ci entre des travailleurs « exonérés », enfermés dans ce statut et leurs collègues salariés « normaux ». Il s'agit donc d'un dispositif d'urgence dont les conséquences négatives à terme devraient faire l'objet, au fil des ans et des ressources disponibles, d'un lissage afin de réduire l'effet de seuil. Mais entre une réduction drastique, sur deux ou trois ans, du chômage et un problème à moyen terme, peut-on hésiter ?

Si la France avait, à l'occasion, le sens de l'union nationale, elle suivrait simultanément les deux voies, la réforme du SMIC et l'exonération des bas salaires. Nul doute que, sur quelques années, elle dégagerait les centaines de milliers d'emplois qui, parallèlement aux premiers effets du ressac démographique, permettraient de ramener le chômage à un taux anglais ou hollandais de l'ordre de 6 à 7 %. Mais une telle démarche suppose d'abord un diagnostic unanime sur le lien entre le salaire minimum, le coût du travail et l'emploi. Oublierait-on qu'il y a deux ans, un futur président de la République posait comme postulat que « la feuille de salaire n'est pas l'ennemi de l'emploi » sous les applaudissements d'une coalition hétéroclite qui réunissait les dévaluationnistes de toujours, les populistes de droite, les « archaïques » de gauche, les écrivains autoproclamés économistes, les sociologues-gourous, et la fine fleur d'une intelligentsia qui, au simple mot de mondialisation, sort son revolver conceptuel ? La maturation, certes, s'est faite, et *mezza voce* les mêmes tiennent des discours plus réalistes mais de là à sortir des sentiers battus et à prendre le moindre risque politique, vis-à-vis de la classe moyenne qui, elle, vote de manière traditionnelle, le tout pour le salut d'un lumpen-prolétariat dont les engagements politiques sont aléatoires, quel improbable cheminement !

Le tabou n'est pas moins fort à l'égard du marché du travail. N'a-t-on pas vu les libéraux censurer, pendant la dernière campagne électorale, le mot de « flexibilité », devenu l'incarnation de la violence sociale au profit de celui, plus indolore, de souplesse ? Autant le débat sur le coût du travail non qualifié a été tranché par les faits, autant les enjeux de la flexibilité demeurent flous. D'un côté, nul ne peut nier que le libre fonctionnement du marché du travail aux Etats-Unis ou en Grande-Bretagne a facilité la création d'emplois, au prix de l'apparition des *working poors*. De l'autre, le troc que ne cesse de réclamer le patronat — davantage d'emplois contre davantage de flexibilité — paraît illusoire : qui ne se souvient des quatre ou cinq cent mille emplois promis par le CNPF en échange de l'abrogation de l'autorisation administrative de licenciement et qui se sont perdus dans les sables de la croissance ? D'un côté, aucun esprit honnête ne peut faire abstration des pesanteurs bureaucratiques, des réglementations à l'embauche, de la complexité des procédures et surtout des difficultés pour réduire ultérieurement les effectifs, qui constituent autant d'obstacles à l'emploi, surtout dans les petites entreprises. De l'autre, le même esprit honnête ne peut ignorer la faiblesse des syndicats, en dehors de quelques grandes entreprises, l'anémie des relations contractuelles et donc le risque, sans le maintien d'un cadre réglementaire strict, d'une relation trop déséquilibrée à l'avantage du patronat et en défaveur des salariés.

Dans un pays où les affrontements entre classes sociales ont été plus rudes qu'ailleurs, où la légitimité du pouvoir syndical n'a été reconnue qu'en 1968 et où le dialogue contractuel date de moins de trente ans, l'Etat a dû jouer un rôle d'arbitre inhabituel dans une économie de marché normale, et se substituer à des acteurs sociaux hier hostiles les uns aux autres et aujourd'hui défaillants. Mettre à bas, d'un coup sec, l'édifice que constitue le droit social serait suicidaire : une révolution thatchérienne est inenvisageable en France, puisque nous n'avons jamais connu la toute-puissance syndicale qui en a constitué le ferment.

La flexibilité maximale possible chez nous demeurerait, aux yeux de la Dame de fer, bien socialisante... Elle suppose l'allongement des contrats à durée déterminée, afin de réduire le blocage psychologique que constitue, pour les patrons, la crainte de ne pouvoir licencier. Elle passe non par la suppression de la loi Aubry sur le contrôle juridictionnel des plans sociaux, mais par une meilleure définition légale des conditions de leur acceptabilité, afin d'éviter une prolifération jurisprudentielle incohérente qui crée, chez les employeurs, un sentiment d'incertitude, générateur de la politique du moindre risque. Elle exige, en revanche, un allègement drastique des procédures administratives qui font de la moindre embauche une course d'obstacles : l'Etat devrait, comme il l'est en Allemagne, être responsable de sa propre complexité ; l'entreprise lui fournit des données brutes ; à lui de les traiter suivant les mécanismes de son choix.

En revanche, à rebours des éternelles revendications patronales, rien n'impose une réduction des systèmes de représentation du personnel et des droits conférés aux délégués syndicaux. Si, dans certaines branches, les syndicats acceptent contractuellement une telle modification, pourquoi pas ? Mais assenée avec brutalité, une loi qui bouleverserait, en ces matières, les règles du jeu, serait le coup de grâce pour les organisations syndicales. Dans un contexte qui voit, dans le secteur privé, les organisations salariées en situation d'infériorité par rapport au patronat et les politiques sociales relever du « despotisme éclairé » et de la bonne volonté des employeurs, l'Etat ne peut pas se contenter de garder la balance égale entre les deux parties ; il devient *nolens volens*, le protecteur des plus faibles, c'est-à-dire des syndicats.

Les plus novateurs parmi les libéraux veulent aller plus loin mais, mesurant les spécificités françaises, ils se gardent bien de réclamer un « grand soir » thatchérien et se contentent de proposer, pour une période limitée, une dérégulation expérimentale dans une ou deux régions. L'approche est séduisante, mais elle se heurte à un obstacle, les transferts d'emplois au profit des « régions expérimentales », qui créeraient une réussite artificielle puisque liée à des délocalisations en provenance du reste du territoire et sans qu'il soit possible de mesurer si le jeu est à somme positive, nulle, ou négative. Plus intéressante est la voie de la dérégulation contractuelle, par accord entre le patronat et un nombre suffisant de syndicats représentatifs — ayant, par exemple, obtenu ensemble 50 % des voix aux dernières élections professionnelles. La loi rendrait possibles de tels contrats pour une période limitée. Cheminement illusoire, compte tenu de l'état d'esprit syndical ? Rien n'est moins sûr. La CFDT, chef de file du bloc réformiste, se prêterait peut-être à une telle approche si elle obtenait en contrepartie des avancées sur le terrain qui lui est cher de l'aménagement du temps de travail. Telle que fonctionne la France, l'évolution vers davantage de flexibilité ne peut donc se faire qu'avec prudence : au-delà des mesures de base limitées, allongement des CDD[1], codification de la jurisprudence Aubry... la dérégulation ne peut être que contractuelle et tempérée.

Plus subversive encore que la flexibilité, telle apparaît la lancinante question des incitations à travailler. Lorsque Michel Bon, alors directeur général de l'ANPE, avait lancé l'idée d'une contrepartie demandée aux bénéficiaires de l'allocation chômage, quel ne fut pas le tohu-bohu ! Il ne faisait pourtant qu'adresser à la société française une interrogation que tous les autres pays occidentaux se sont posée. Un Revenu minimum d'insertion dont l'idée même d'insertion a disparu et qui n'exige rien des bénéficiaires ; des allocations chômage versées sans la moindre obligation à la charge des chômeurs, hormis celle, purement théorique, d'accepter non la première ou la seconde, mais la troisième ou la quatrième offre ; des aides multiples qui permettent

1. Contrat à durée déterminée.

d'« optimiser le non-travail » : autant de mécanismes qui rendent dissuasif le retour sur le marché du travail. Le diagnostic est, une fois de plus, difficile à poser, compte tenu des réactions émotives qu'il suscite ; l'accusation de cruauté sociale rôde...

Reste que les « RMIstes » et les chômeurs demeurent, Dieu merci, des êtres de raison et que, si malheureux soient-ils, ils optimisent leur situation. L'enjeu est à la fois empirique et philosophique. Empirique car il résulte d'une infinité de calculs individuels et de réactions personnelles, mais la différence des taux de chômage féminin, en Grande-Bretagne et en France, témoigne, faut-il le rappeler, du caractère plus ou moins dissuasif, à l'égard du travail, du dispositif social. Philosophique car, dans une société qui ferait de l'équité son principe emblématique, serait-il légitime de bénéficier de subsides, sans offrir en échange le moindre service à la collectivité ? « STO », « camps de relégation », « exploitation des plus malheureux » : l'antienne est prête, les insultes à disposition et Marc Blondel ravi à la perspective de les employer. Mais l'anathème ne vaut pas, en la matière, réponse. La citoyenneté ne suppose-t-elle pas pour les uns de donner beaucoup et de recevoir un peu, et pour les autres de recevoir beaucoup et de donner fût-ce symboliquement ? Que de débats, de commissions, d'empoignades, de livres blancs ne faudra-t-il pas, avant que la société française ne mûrisse à l'égard de ces questions, comme elle a pu le faire vis-à-vis de la réforme des retraites, ou plus récemment de la réforme de l'assurance-maladie !

Deux conceptions de la solidarité s'affrontent.

L'une, réunit étrangement la bourgeoisie férue de charité et la gauche adonnée aux principes égalitaires ; elle suppose la distribution de prestations sans contrepartie, le malheur des bénéficiaires représentant, pour eux, un prix déjà grand à payer. La seconde, sur laquelle se retrouvent certains libéraux, les « communautaristes » anglo-saxons et les sociaux-démocrates nouvelle manière postule, elle, l'existence d'un contrat entre la société et chaque citoyen, avec pour les deux parties une charte de droits et de devoirs : nul, même un exclu, n'est dispensé d'apporter son dû à la collectivité. Ce peut être sa propre formation, la participation à une tâche d'intérêt général, une activité associative mais d'une manière ou d'une autre il s'acquitte d'une dette, sous peine de devenir un citoyen de deuxième zone. Cette seconde approche s'impose plus spontanément dans les pays protestants : il existe une « éthique protestante de la solidarité » encore plus marquée que l'« éthique protestante du capitalisme ». Elle s'acclimatera en France plus lentement, mais elle sera dans les dix prochaines années au cœur des réflexions sur le chômage.

*

* *

L'angoisse collective vis-à-vis du chômage suscite de la fébrilité, la fébrilité de faux diagnostics et les faux diagnostics des gestes désespérés. La réalité est simple, l'impératif évident — le chômage de longue durée représente le principal ennemi —, les exemples étrangers propres à satisfaire les deux familles idéologiques françaises, les mesures connues, de la plus utopique à la plus difficile. Mais il manque, dans ce combat, l'arme principale : le temps. Le temps de maturation des idées et de l'acceptation des évidences, y compris les plus iconoclastes. Le temps pour mener des réformes lourdes. Et surtout le temps d'attendre, sur cinq ou dix ans, les résultats. Or le temps est un étalon de mesure du consensus national. Plus la société est unanime, plus elle en laisse aux gouvernants et plus ils se révèlent efficaces. Jusqu'à présent pays de dissensus, la France s'est privée de cette marge d'action. Si elle finit par se l'offrir, elle aussi peut connaître la fin du chômage.

Chapitre 6

Un nouveau jeu

Pétrifiée devant l'accélération de la mondialisation et le triomphe du marché, consciente du choc que l'une et l'autre imposent au culte de l'Etat, l'opinion française bascule, suivant une tentation qui lui est familière, dans la fantasmagorie : globalisation rime avec humiliation, marché avec désordre, libéralisme avec barbarie, comme si bizarrement la jungle russe offrait la représentation ultime du capitalisme mondial ! Après avoir nié, pendant des décennies, la puissance du marché, elle la surestime au point de penser qu'elle interdit toute forme de régulation. Se répand insidieusement, à travers le pays, le « syndrome Fort Alamo », c'est-à-dire la conviction que l'enfermement et l'autisme constituent les seules réponses à la tempête qui s'annonce.

Le marché bouscule les contrepoids qu'il avait traditionnellement en face de lui ; il transforme les modes de fonctionnement qui lui étaient imposés ; il secoue la notion traditionnelle de l'intérêt général ; il efface les frontières des vieux Etats-nations ; il casse les ressorts de l'intervention publique traditionnelle. Qui oserait nier l'ampleur du séisme ? Mais au débouché, ce ne sont ni la table rase, ni le retour à un état social primitif qui nous sont promis.

Un nouveau jeu se met en place : un mode différent d'exercice du pouvoir, plus « polysynodique », plus « systémique » — suivant les terminologies à la mode ; des acteurs sociaux en plein renouvellement, l'opinion publique se substituant progressivement aux organisations traditionnelles ; et une mutation des principes fondateurs de l'Etat-nation. La France est, à l'évidence, davantage secouée par de tels bouleversements que la plupart des autres pays occidentaux. La toute-puissance de la société chez vos voisins anglo-saxons, les souplesses du fédéralisme aux Etats-Unis et en Allemagne, l'inventivité italienne constituent des atouts, certes partiels, dans cette immense recomposition. Le chemin est, pour nous, plus long.

*
* *

Nous nous insérons progressivement dans un nouveau système de pouvoirs. A la mécanique hiérarchique et militaire succède une organisation en réseau, mais le citoyen n'a pas encore adapté son propre comportement face à ces règles du jeu en pleine gestation. Prisonnier de sa relation d'amour-haine et de déférence-désobéissance à l'égard du pouvoir, il se sent désarmé face à une myriade d'acteurs dont la complexité et le mode de fonctionnement lui échappent. L'Etat traditionnel, national, régalien et faussement autoritaire devient un simple interface entre le citoyen et les nouveaux pouvoirs.

Interface vis-à-vis du réseau d'institutions européennes ; interface par rapport à une accumulation de collectivités territoriales qui se substituent peu à peu à l'administration traditionnelle. Et, dans la mise en jeu de ce qui lui reste de pouvoirs, l'Etat est dessaisi au profit d'institutions indépendantes, au premier rang desquelles une justice, hier simple administration spécialisée, aujourd'hui recours ultime.

Une telle révolution ne peut que donner le vertige à un citoyen français dont la représentation séculaire de l'autorité se réduisait à un Etat omniprésent et omniscient. Que reste-t-il d'un Etat régalien sans monnaie, sans justice, sans défense ? Une série d'administrations spécialisées. La monnaie ? Demain l'apanage d'une banque centrale européenne dont les gouverneurs n'auront de cesse, une fois nommés, d'oublier leur pays d'origine et de se fondre dans un corps homogène, seule condition de leur crédibilité face à des marchés suspicieux. La justice ? Devenu une pierre angulaire de l'édifice économique compte tenu de la toute-puissance du marché, le droit économique est pour l'essentiel modelé à Luxembourg. Et l'ensemble des conventions internationales, dont nous sommes partie, parvient à dessiner un *habeas corpus*, désormais valable pour l'ensemble des pays démocratiques, et que nos juridictions les plus souveraines — Conseil constitutionnel, Cour de cassation, Conseil d'Etat — finissent par introduire *nolens volens* dans leurs jurisprudences particulières. Quant à la défense, une fois payé un ultime tribut au vieil orgueil gaulois avec la campagne d'essais nucléaires de 1995, elle relève elle aussi de dispositifs et de procédures de plus en plus mutualisés : le retour dans l'OTAN serait, nous dit-on, un événement. Illusion : c'est le désir obsessionnel de François Mitterrand de demeurer sur le bord du chemin qui en constituait un ! Comment croire à l'autonomie d'une armée qui n'arrive pas à projeter vingt mille hommes loin de leurs bases arrière ? Le fantasme nietzschéen d'un président de la République française susceptible de mettre le feu nucléaire au monde entier ne suffit pas à transformer cette réalité...

Pour un peuple qui a toujours assimilé le pouvoir à un seul lieu, Paris, quelle novation de s'habituer à morigéner, tantôt contre Bruxelles, tantôt contre Luxembourg, tantôt contre Francfort, tantôt contre Strasbourg ! Le bouc émissaire devient multiple, donc insaisissable ; il se glisse derrière de simples illusions rhétoriques — mondialisation, globalisation, Europe. L'autorité n'est ni hiérarchique, ni linéaire : elle résulte du jeu croisé des influences entre toutes ces institutions et parvient, diffuse, jusqu'aux citoyens, usagers ou consommateurs. Le pouvoir est impalpable. Il est partout et nulle part ; difficile à traquer, difficile à respecter, difficile à pister. Il existe, à la fin des fins, une « main invisible » qui agence les institutions, comme elle le fait, depuis Adam Smith, pour le marché. N'est-il pas étonnant que le pouvoir européen se soit naturellement édifié en réseau, au moment même où le réseau devenait le maître mot contemporain, de la biologie moléculaire jusqu'aux organigrammes d'entreprise, des systèmes de communication jusqu'à la physique nucléaire ?

L'Europe se serait-elle construite sur le modèle pyramidal à la française, elle aurait déjà explosé, incapable, comme elle l'aurait été, d'absorber les chocs et les secousses. Derrière cette substitution qui voit un réseau de pouvoirs succéder à un organigramme quasi-militaire, se glisse la fin d'un mythe : la totale identité entre une zone économique et un espace politique. Le marché déborde la sphère où s'exercent une multiplicité d'autorités européennes. La zone euro est le cœur d'une union européenne qui, elle-même, se fond dans un « espace économique européen » qui, à son tour, se noie dans un grand marché dont la frontière orientale, du côté de l'Oural, paraît bien floue. Jusqu'où s'exercera le pouvoir des banquiers centraux de Francfort ? Que vaut la jurisprudence d'une Cour de Luxembourg qui ne s'applique ni à la Suisse, ni à la Norvège, ni aux Etats associés avec lesquels fonctionne un marché ouvert ? Les directives de la Commission se limitent-elles aux seuls Etats membres, dès lors que les candidats à l'Union savent qu'ils auront un jour à s'y conformer ? Une organisation émiettée des responsabilités, des autorités indépendantes les unes des autres et en simple interaction, un espace d'application incertain et fluide : nous voilà à des années-lumière du confortable modèle français — un espace, un territoire, une nation !

Si les institutions qui surplombent la France incarnent la modernité, plus systémiques que hiérarchiques, plus complexes que centralisées, plus diversifiées qu'autoritaires, le dessaisissement de l'Etat par le bas apparaît plus primitif ! Ce n'est plus le réseau qui règne, mais l'accumulation. La France s'offre, nous le savons, un système de collectivités publiques hors de prix, mais outre son coût, son principal défaut est autre : le désordre ! Quatre, cinq ou six niveaux de responsabilités locales en ajoutant aux collectivités de base les syndicats et autres regroupements dont la loi a encouragé, à coups d'innovations, la création ; des compétences enchevêtrées, réparties au hasard des préjugés et des rapports de forces ; des procédures de financement qui aboutissent à rendre plus difficile la réalisation d'un tour de table entre collectivités publiques qu'entre banquiers internationaux ; des mécanismes de péréquation budgétaire qui nient le vieux principe — qui fixe l'impôt, ordonne la dépense ; des transferts financiers qui mêlent reventilations d'impôts, restitutions, remboursements et subventions, au point de rendre illisible la carte des flux ; des responsabilités atomisées qui servent à effacer la trace de la moindre décision au point de priver de la gloire, ou de l'opprobre de leurs initiatives, les hommes politiques. Le tableau est saisissant.

Vu sous l'angle de la raison, le système frise l'absurdité. Perçu à travers le prisme de la démocratie, il retrouve sa légitimité. Rien n'est plus injustifiable en théorie que l'existence de 37 000 communes et pourtant elles sont indispensables dans un pays sans acteurs sociaux, sans société civile hyperdynamique, sans véritable ressort associatif. Si nous avions des syndicats puissants, des communautés en plein essor, de grands mouvements caritatifs, sans doute pourrions-nous nous dispenser de l'existence de ces cinq cent mille militants de la chose publique que sont les élus locaux. Mais telle n'est pas la situation. C'est dans la vie locale que s'est réfugiée, en France, l'énergie militante, alors qu'elle a pris ailleurs la voie de l'action syndicale, du travail caritatif ou du prosélytisme religieux. Même sacralisée, la démocratie locale et surtout municipale ne justifie pas l'aberration du système dans lequel elle s'insère. Celui-ci paraît aussi indestructible qu'irrationnel, aussi intangible qu'absurde, aussi immobile que dispendieux. L'émiettement des pouvoirs locaux colle, argueront certains bons esprits, à une société de plus en plus individualiste dont le citoyen réagit en consommateur de services publics et exige donc des interlocuteurs de plus en plus proches. A cela près qu'il lui faudrait savoir quels sont ces interlocuteurs !

La décentralisation des responsabilités est inscrite dans l'évolution de nos sociétés, au même titre que le passage d'un Etat autoritaire à une pluralité d'institutions qui concourent toutes à l'intérêt général.

Mais la décentralisation moderne s'identifie-t-elle à la sédimentation, en France, des collectivités locales ? Dans une zone euro de plus en plus intégrée, la dimension régionale va de soi. Elle s'est imposée, à travers le fédéralisme allemand, les autonomies espagnoles, les régions historiques italiennes et même si elles se sont constituées de bric et de broc, les vingt-deux régions françaises ont fini par trouver leur place : souvent trop peu peuplées, issues de découpages artificiels, elles devraient connaître, de leur propre mouvement une évolution. Un grand Sud-Ouest, une seule Normandie s'imposeront, par exemple, d'eux-mêmes. A l'autre extrême, les communes se perpétueront, telles les matrices de base de la vie démocratique, avec un transfert de plus en plus automatique des services publics vers l'échelon intercommunal. Mais si l'Europe justifie la région et la vitalité démocratique la commune, de quel principe fondateur peut se réclamer le département ? L'histoire, la tradition, l'habitude ? Autant d'explications du *statu quo*, mais elles ne constituent pas, à long terme, des fondements suffisants. Le mouvement de la société continuera d'obliger l'Etat à décentraliser ; la rationalité l'obligera à le faire au profit des régions et les départements se nécroseront jusqu'au jour où ils tomberont presque d'eux-mêmes.

Dessaisi au profit du réseau de pouvoirs européens, obligé de s'amputer vers le bas, l'Etat conservera-t-il au moins sa cohérence dans l'exercice des fonctions régaliennes ? En aucune circonstance. Une exception française supplémentaire s'efface avec l'ascension d'un vrai pouvoir judiciaire. Pendant deux siècles, la France s'était dispensée du vieux principe démocratique de la séparation des pouvoirs, bricolant, au fil des décennies, un statut bizarre pour la justice : simple administration, puis « autorité », toujours sous une tutelle attentive du pouvoir politique. L'irrésistible ascension du droit, ce corollaire, dans les démocraties avancées, du triomphe du marché suscite, nous le savons, des conséquences en chaîne. La loi perd sa souveraineté au profit de principes généraux du droit, de valeur constitutionnelle, qui la surplombent. Ce mouvement ne cessera de se renforcer. Demain les citoyens seront autorisés à exciper, comme aux Etats-Unis, de l'inconstitutionnalité des lois à l'occasion de n'importe quel procès. La réforme constitutionnelle avait échoué, qui visait à leur octroyer ce droit. L'évolution des mentalités l'imposera. De même, indépendamment du débat sur la préservation du lien entre le garde des Sceaux et les magistrats du parquet, l'autorité judiciaire continuera à se muer en vrai pouvoir. L'indépendance se gagne dans les têtes, davantage que dans les textes ; poussés par l'atmosphère ambiante, épaulés par la presse, sûrs de leur cause, les magistrats se sont, d'eux-mêmes, installés en face de l'exécutif, comme leurs prédécesseurs l'avaient fait au XVIIIe siècle. Etrange tradition qui voit les relations du judiciaire et de l'exécutif osciller entre la fronde et la soumission, les juges ne s'affirmant qu'au moment où la société civile se rebelle contre l'Etat... C'était le cas en 1780 ; cela le devient aujourd'hui. Enfin, le système juridictionnel pousse même son avantage, avec le transfert, dans son orbite, de fonctions jusqu'alors dévolues à l'administration : l'apparition des « autorités administratives indépendantes » en témoigne. Elles n'ont d'administratives que leur intitulé ; elles se transforment toutes — Commission des opérations de bourse, Conseil supérieur de l'audiovisuel, Commission de la concurrence, Commission de privatisation... en sous-juridictions et n'ont de cesse de s'instituer en magistratures de fait. Se met ainsi en place une silhouette polymorphe du juge — constitutionnel, judiciaire, para-administratif — qui, à travers toutes ses métamorphoses, marque au plus près le fonctionnement de l'Etat.

L'idéologie ambiante multiplie les pétitions de principe. « Moins d'Etat et mieux d'Etat » ; un « Etat recentré sur ses missions régaliennes » ; un « Etat concentré sur l'essentiel... ». Baliverne ! L'essentiel lui échappe et se joue dans les nouveaux réseaux internationaux de pouvoir ; l'administration se déplace vers le bas et une scission s'est produite, qui sépare l'Etat entre une branche administrative et une branche judiciaire. A quoi se ramène, dès lors, la dimension régalienne ? Au maintien de l'ordre, aux réglementations qui codifient la vie en société, aux dispositifs anti-pollution... Quelles responsabilités administratives demeureront à sa charge ? Celles qui n'auront pas encore été décentralisées... Quels dispositifs de l'Etat-Providence demeureront sous son contrôle ? Ceux que le système de cogestion entre le patronat et les syndicats n'aura pas pris en charge ou aura expulsés vers lui... Quelles fonctions d'intérêt général assumera-t-il ? Celles que ne couvre temporairement aucune autorité indépendante... Le dépérissement de l'Etat traditionnel est donc en marche, sans qu'une volonté idéologique ou un prurit anti-étatique y joue le moindre rôle. C'est un dispositif, d'une essence différente, qui se met en place. Son fondement — l'intérêt général — est plus flou. Son organisation — un réseau international, un émiettement local — plus complexe. Ses modalités — des compétences partagées, des transferts permanents de pouvoirs — plus instables. Pour certains pays, moins centralisés, moins monolithiques, c'est une simple évolution qui se produit. Pour la France, c'est une révolution.

*
* *

Parallèlement à l'instauration d'un pouvoir plus « polysynodique », les acteurs sociaux, eux aussi, se transforment. D'un côté, les acteurs traditionnels s'effacent, de l'autre, de nouveaux joueurs pointent à l'horizon, avec comme figure de proue, le plus insaisissable de tous, l'opinion publique.

La désyndicalisation est, partout, en marche. Là où les syndicats représentaient 80 % des salariés, leur représentativité tombe à 50 ou 60 %, mais là où ils en réunissaient 20 %, ils tombent à moins de 10 %. A ce niveau, ils disparaissent presque du jeu. Telle est, une fois de plus, l'exception française avec un taux de syndicalisation, désormais le plus bas de l'OCDE, inférieur à celui de la Turquie ! Compte tenu du poids résiduel des syndicats dans la fonction publique, un chiffre de 8 à 9 % traduit leur quasi-disparition du secteur productif. Cette situation est sans équivalent ailleurs. Aux Etats-Unis cohabitent deux univers sociaux, l'un encore très syndiqué, l'autre totalement dérégulé. En Allemagne, en Belgique et dans les pays de l'Europe du Nord, les syndicats demeurent suffisamment puissants pour cogérer le système économique. En Grande-Bretagne, ils ont réagi à la perte de leurs pouvoirs traditionnels sous Mme Thatcher, en devenant des organisations de services aux salariés, en cas de licenciements, problèmes de logements, difficultés sociales... En Italie, ils ont répondu à leur affaiblissement de façon empirique, en instaurant un mode de représentation unitaire. En Espagne, ils ont profité de l'établissement d'un mécanisme de médiation dans les conflits sociaux pour retrouver un rôle ! Et en France ? Les effectifs se sont tassés, la division syndicale ne s'est pas atténuée malgré la disparition de la guerre froide et la fin du communisme, et les organisations sont devenues, pour l'essentiel, l'apanage d'appareils tournés vers la cogestion de l'Etat-Providence, hormis les rares secteurs, dans les entreprises sous statut, où ils parviennent à préserver un rôle classique de contestation.

Ce n'est pas un hasard si les partis politiques ont connu, en France, la même évolution. Partout, dans le monde, le militantisme décline, mais il existe encore, de-ci de-là, des partis de masse : en Grande-Bretagne, en Allemagne, dans les pays latins. Chez nous, avec des effectifs, pour les plus grands, de l'ordre de 100 000, dont les deux tiers disposent d'un mandat électif quelconque, ils sont devenus des syndicats d'élus. Lorsque les acteurs sociaux ou politiques perdent leur enracinement dans la société et se transforment en purs appareils de pouvoir, le vide s'installe. Ce qui vaut pour les syndicats et les partis se produit *mutatis mutandis* pour le patronat et les organisations professionnelles classiques. Avec la montée de l'individualisme, corollaire naturel du marché, les formes de représentation traditionnelles s'affaissent et le débat social met aux prises, dans un tête-à-tête dangereux, d'un côté les systèmes de pouvoir, de l'autre le pays profond. Ce n'est pas un hasard si le populisme s'implante dans les sociétés dont les acteurs s'affaiblissent, la France naturellement au premier rang. Derrière les « eux et nous », « le peuple contre les élites », « la France contre sa nomenklatura » et autres slogans du même acabit, s'impose une réalité de fond : une société, dont les modes de représentation s'étiolent, réinvente la démocratie directe et s'articule autour de l'affrontement entre un sommet lointain auquel elle prête les pires défauts et une base parée, au nom d'un rousseauisme du troisième type, de toutes les vertus.

Parallèlement à l'effondrement des modes de représentation traditionnels, en apparaissent de nouveaux, avec des acteurs différents, des combats spécifiques, des enjeux inattendus. Mais ils aboutissent à substituer aux rapports de forces entre groupes sociaux une organisation de la société autour de communautés qui n'ont de cesse de s'affirmer les unes aux dépens des autres. Le combat débute toujours au nom d'un objectif d'intérêt général : les écologistes pour sauver la nature, les femmes pour mettre légitimement fin aux discriminations sexistes, les malades du sida pour faire reconnaître leurs droits, les homosexuels pour devenir des citoyens à part entière... Les Etats-Unis ont préfiguré, à grande échelle, cette évolution, dans la foulée de la représentation des minorités ethniques, avec l'essor de l'*affirmative action* — le surcroît de droits au profit de ces minorités — et du *politically correct* — la reconnaissance idéologique et rhétorique de droits égaux pour tous.

Les sociétés européennes miment l'évolution américaine avec des nuances qui tiennent à leur propre histoires : ainsi la Grande-Bretagne voit-elle les communautés ethniques devenir des acteurs sociaux puissants, au point de répartir elles-mêmes la manne de l'Etat-Providence. La France, en revanche, ne connaît pas le même mouvement, malgré les rodomontades politiques. Même secoué, son modèle d'intégration n'a pas perdu toute efficacité et le développement des communautés, l'aspiration à l'identité culturelle ne débouchent pas encore sur un véritable phénomène communautariste. Les autres lobbies d'intérêt général y sont, en revanche, puissamment à l'œuvre, avec l'irruption de concepts étrangers à notre culture, telle la revendication féministe de quotas dans les élections politiques. Pour un pays nourri à la mamelle égalitariste, c'est un tremblement de terre. Etrange situation qui voit la société française demeurer rétive à l'instauration du principe d'équité, pourtant plus anodin, dans la gestion de l'Etat-Providence et accepter, sans crier gare, l'idée d'un quota qui efface, d'un coup sec, deux siècles de philosophie de la citoyenneté. Qu'une telle novation puisse s'installer aussi facilement dans le débat politique témoigne d'un incroyable basculement du rapport de forces !

Le discours des minorités est devenu légitime ; il a même pris l'ascendant au point d'effacer les poids relatifs des uns et des autres. Ainsi des écologistes, dont les dernières élections ont mesuré la marginalisation politique et dont l'ombre portée est de plus en plus grande dans la vie de la société. Perçus inconsciemment comme les porte-parole d'une opinion de plus en plus sensible à la préservation de l'environnement, ils constituent un contre-pouvoir irrésistible. Survivront-ils à leur intégration récente dans l'appareil gouvernemental ? Quand la tension se manifestera-t-elle entre la logique du pouvoir et la dynamique du contre-pouvoir ? Affaire à suivre... Quel industriel, quel ministre, quel président de Conseil général ne se sent pas, aujourd'hui encore, menacé par les ukases verts ?

Ainsi des lobbies qui s'installent au cœur du monde médical : les hémophiles d'ores et déjà, demain les dialysés ou les bénéficiaires de transplantations, après-demain les cancéreux qui défendront leurs intérêts légitimes au nom de la justice face à la médecine. Ainsi de la communauté homosexuelle, structurée autour du sida et qui, le jour où celui-ci sera devenu une maladie comme une autre, cherchera à maintenir son identité, comme en témoigne la *gay pride* ou l'apparition, aux Etats-Unis, de quartiers *gays*. Une prime va, désormais, en termes de légitimité, aux minorités : quoi qu'elles disent ou affirment, leurs propos sont écoutés, entendus, craints. Simple retour du balancier après une si longue période qui les a maintenues reléguées loin du pouvoir ? Effet d'une connivence sociologique avec des médias avides de nouveauté ?

Mais le nouvel acteur, celui qui a désormais l'ascendant, est d'une essence différente. « L'empire souverain de l'opinion publique » : la prophétie de Tocqueville aura mis un siècle et demi à triompher. Omniprésente et insaisissable, totalitaire et fuyante, obsédante et fluide, l'opinion a pris le pouvoir. Notre hobereau libéral l'avait senti, quand il affirmait que : « La foi dans l'opinion commune deviendra une sorte de religion dont la majorité sera le prophète » et que « de quelque manière qu'on organise les pouvoirs d'une société démocratique et qu'on les pondère, il sera très difficile d'y croire ce que regrette la masse et d'y professer ce qu'elle condamne ». Plus les acteurs sociaux traditionnels s'affaiblissent, plus le règne de l'opinion est écrasant. L'obsession de l'opinion n'est pas l'apanage des seuls hommes politiques. Qui aurait imaginé, il y a cinq ans, un chef d'entreprise préoccupé des réactions du public ? Qui aurait deviné la crainte obsidionale des responsables syndicaux, des journalistes les plus notoires, des intellectuels les plus éthérés, des « consciences morales » les mieux établies face à « ce sphinx entouré d'une énigme », la sacramentelle opinion ? Tout le monde la révère ; personne ne l'a rencontrée.

Etrange phénomène sartrien dont l'existence précède l'essence ! Interrogez l'homme de la rue — incarnation mythologique de l'opinion — sur cette dernière. Il ne prétendra jamais l'exprimer mais l'identifiera au contraire aux sondages et aux médias. Les sondeurs n'ont en effet cessé de voler de victoire en victoire, depuis le jour, en 1965, où ils ont annoncé face au scepticisme de tous, la mise en ballottage aux élections présidentielles du général de Gaulle. La vie publique s'assimile désormais à la ronde infernale des sondages, au point d'entendre les meilleurs observateurs de la scène politique parler des élections comme de « sondages en grandeur nature » : stupéfiant paradoxe qui valide, à lui seul, les thèses de Baudrillard à propos de la victoire du virtuel sur le réel !

Forts de leur triomphe politique, les sondages ont pris en otage la société entière. Les voilà en charge de mesurer, en temps réel, les aspirations et les frustrations du pays. L'évolution des salaires, la durée du travail, le relèvement de la CSG, le niveau de l'ISF, les vertus de l'euro, l'angoisse des délocalisations, la peur de la mondialisation, l'essor du féminisme, le rêve de la chlorophylle, la réforme des grandes écoles... Rien n'échappe au moloch des sondages. Ainsi s'impose, d'enquête en enquête, une étrange *vox populi*, aussi puissante que fragile, aussi sûre d'elle-même que peu élaborée, aussi arrogante que futile. Il s'établit, de la sorte, la conviction que l'opinion publique se mesure par l'addition de toutes les opinions individuelles, telles que la technique des sondages croit les appréhender. Ce postulat n'est ni neutre, ni innocent ; il occulte ce qui fait l'épaisseur d'une société, l'enchevêtrement des mémoires, des comportements, des forces sociales.

L'orgie d'enquêtes, leur prétention à maîtriser la réalité, leurs illusions conquérantes ne font, en réalité, qu'un vainqueur, le journaliste. Il se limitait jusqu'à présent au commentaire, au contrepoint, à l'investigation. Le voilà en droit de s'exprimer, lui aussi, au nom des Français. Il sait ce qu'ils pensent : foi des sondages. Il pressent ce qu'ils veulent : foi des enquêtes. Il proclame ce qu'ils croient : foi de la SOFRES. De là cet exercice stupéfiant et unanimement accepté : le pouvoir annonce une décision et le plus grand journaliste de réagir, non en son nom propre, mais en lieu et place de l'opinion. Par une transsubstantiation inattendue, les journaux se croient la France, la vraie, la France profonde, celle que rien, ni personne n'abuse. L'homme public a cru, pendant des décennies, incarner l'intérêt national ; il se trouve disqualifié par un concurrent qui, par le miracle d'un simulacre, le sondage, le prend de haut.

L'opinion, en réalité, la voilà : l'irrésistible alliance du sondage et du journaliste. Irrésistible, parce qu'elle additionne la croyance en une objectivité absolue — les chiffres et les pourcentages — et la plus élégante des subjectivités — l'éditorial. Irrésistible, car elle est présentée, à chaque instant, comme une évidence contre laquelle aucun individu censé ne saurait aller. Irrésistible enfin, puisqu'elle permet à l'opinion de se légitimer elle-même. A force de prétendre exister, elle finit par y parvenir. La preuve ? Les hommes politiques sans exception s'y soumettent, ayant transféré dans le champ public les avantages du pari de Pascal : à se conduire comme si l'opinion était une réalité, on ne prend aucun risque ; à l'ignorer, on les multiplie...

Intellectuellement, la tentation de la critique est grande. De la négation à la Bourdieu : « L'opinion publique n'existe pas, c'est un pur artefact » au venin de Mauriac vis-à-vis de Sirius — « Pour vous, l'opinion publique ne se distingue pas de ceux qui sont chargés à la fois de l'exprimer et de l'incarner, les journalistes », sans oublier le diagnostic tocquevillien : « Lorsqu'un grand nombre des organes de presse parvient à marcher dans la même voie, leur influence, à la longue, devient presque irrésistible, et l'opinion publique, frappée toujours du même côté, finit par céder sous leurs coups », la litanie des saillies est sans limite. Certes, les autres joueurs, acteurs sociaux, minorités agissantes, ne sont pas, tous, engloutis par la vague de l'opinion, mais ils pèsent dans le débat collectif moins par leurs instruments classiques, la grève, la manifestation, le conflit, que par leur capacité de faire valider leurs aspirations, par « l'opinion », c'est-à-dire par les sondages. Ce ne sont pas les suffrages obtenus aux élections qui donnent de la puissance aux verts, mais la mise en valeur de leurs thèmes par les enquêtes. Comment se sont affirmés les droits des femmes, les manifestations identitaires, les préoccupations écologiques ? D'abord par le symbole, la protestation, la provocation. Si ceux-ci ne trouvent pas de relais dans les sondages, le soufflé finit par retomber et les élites politiques se désintéressent du sujet. Si la graine de la contestation germe dans les sondages et dans les médias, le mouvement devient irréversible.

S'installe ainsi une démocratie d'opinion, sœur jumelle de l'économie de marché. Ce n'est pas un hasard : l'opinion fonctionne *mutatis mutandis* comme un marché. L'une et l'autre vibrent de la même manière. Avec la même excitation : les marchés financiers surréagissent à la moindre nouvelle qui les perturbe, au moins autant que l'univers médiatique aux plus modestes événements. Avec le même goût de l'anticipation : les opérateurs financiers ne se contentent plus d'apprécier les conséquences premières d'une décision, mais aussi ses effets en rebond, à l'instar des gourous de l'opinion, ces Adam Smith nouvelle manière de la communication qui soupèsent non les conséquences directes d'une annonce politique, mais leur incidence sur l'image des gouvernants et, à partir de là, sur leur capacité ultérieure de gestion. Dans nos sociétés sophistiquées, la même volatilité surplombe les phénomènes d'opinion et les évolutions financières. Il faut conserver une foi chevillée au corps en la raison, pour penser que la « main invisible » conduit les marchés à l'optimum et que l'opinion est « intelligente », suivant le paradigme à la mode. L'opinion se doit en effet d'être « intelligente », comme le marché se veut rationnel : ainsi soit-il... Mais elle ressemble, bien plus que lui, au trou noir des astrophysiciens. Elle n'a sécrété, jusqu'à présent, ni philosophie politique, ni corpus doctrinal, ni idéologie du mouvement. C'est pourtant avec elle, dans sa majesté et ses incertitudes, que les politiques doivent traiter.

D'une main, l'Etat poursuit, avec les acteurs sociaux, son dialogue séculaire, fait de rites, de codes, de coutumes : cette lourde machinerie ne cesse de gagner en complexité, au moment où la faiblesse des joueurs les rend inaptes à contracter et à cogérer l'intérêt général. De l'autre, il se trouve aux prises avec de nouveaux interlocuteurs, des minorités actives et, pire, une opinion qui le terrifie, sans qu'il aît le moindre « traité des relations » à sa disposition. Vis-à-vis des communautés, il est naturellement plus mal à l'aise que ses *alter ego* étrangers : pétri d'universalisme, il éprouve des difficultés à reconnaître les minorités comme interlocuteurs légitimes ; convaincu d'incarner l'intérêt général, il ne se fait pas à l'idée que celui-ci devienne la résultante de multiples intérêts particuliers. A l'égard de l'opinion, il est plus encore désarmé que ses collègues. Nulle part les acteurs sociaux ne sont aussi faibles et donc leur capacité à diriger, avec lui, le pays aussi réduite. Dans ces conditions son tête-à-tête avec l'opinion prend, par un effet naturel de compensation, une importance sans équivalent ailleurs. C'est un nouveau mode de gestion jusqu'alors inconnu qui s'impose à lui.

Le temps est passé de la tragédie politique en cinq actes : réfléchir, consulter, décider, exécuter, contrôler. L'avenir appartient aux voies de traverse et aux tâtonnements. Avancer, puis faire un pas de côté n'est plus une honte, indigne du « souverain ». Jeter au débat plusieurs idées, quitte à n'en retenir aucune, n'est plus une calamité. Laisser se dégager un consensus avant de le sanctifier, n'est pas l'expression d'une lâcheté. Avancer à tâtons, sentir, renifler l'air du temps : autant d'attitudes qui ne sont pas indignes d'une puissance régalienne. Avec, face à lui, le plus énigmatique des interlocuteurs, l'opinion, l'Etat ne peut pas se comporter, comme du temps où, pour arrêter une grève, il suffisait de se mettre à mi-distance des positions des uns et des revendications des autres.

Les sondages ne peuvent servir de boussoles — même s'ils briguent un tel rôle —, susceptibles d'incarner, seuls, l'opinion. Laissaient-ils prévoir l'explosion étudiante contre le CIP ou le refus, en décembre 1995, d'une réforme des régimes spéciaux de retraites ? Indiquaient-ils, à l'inverse, la bonne volonté du pays pour accepter, en 1993, un bouleversement du régime général des retraites et en 1995 une transformation de l'assurance-maladie ? En démocratie d'opinion, le réformisme relève d'une alchimie mystérieuse, sans le moindre élément commun avec le fonctionnement huilé du tripartisme Etat-patronat-syndicats. Les ingrédients en sont divers. A l'ordre politique ils empruntent les vertus de l'état de grâce ou les ressorts d'une indéfinissable confiance : qui, dans telle ou telle circonstance, entraîne ou rassure ? De la société civile, ils exigent une conscience collective des enjeux : celle-ci se noue, à un moment donné, à la suite de livres blancs, de débats multiples, d'affrontements idéologiques, de discusions, mais nul ne connaît *a priori* le moment de la cristallisation. A agir avant qu'elle ait eu lieu, le pouvoir s'expose à un retour de bâton ; à trop tarder, il risque de décevoir et de dilapider son modeste capital de confiance. Quant aux experts des sondages et autres papes de l'opinion, le nez sur leurs batteries de chiffres, ils oublient le vieux précepte de Daladier : « La politique n'est pas une logique, mais une dynamique. »

L'Etat est, dans cette configuration, toujours en porte à faux. Au lieu d'arbitrer, comme le voulait l'usage français fondé sur le tripartisme et non sur le bipartisme à l'allemande, le voilà en première ligne avec une nouvelle règle du jeu. Ne disposant d'aucun message de la part des partenaires sociaux, il lance une initiative avec pour seul interlocuteur l'opinion publique. Si celle-ci acquiesce, l'affaire est faite ; si elle rechigne, il faut ajuster, biaiser, reculer, au risque de porter atteinte à l'image d'inflexibilité régalienne. De là, un paradoxe : contraint de se substituer à des partenaires sociaux déliquescents, l'Etat se comporte à leur image, c'est-à-dire compromet et négocie avec une opinion qui, encore prisonnière de sa déférence institutionnelle, lui fait ensuite grief de sa faiblesse ! Pour une démocratie de consensus, c'est une partie assez naturelle : pour une monarchie républicaine, c'est un défi subversif.

*
* *

Derrière le nouveau jeu qui accompagne la mondialisation, apparaît en filigrane une question à laquelle, nous Français, sommes plus sensibles que d'autres : l'Etat-nation est-il condamné ? Par la vague du marché et la puissance du jeu capitaliste ? Par les nouveaux réseaux de pouvoir ? Mais aussi par son éventuelle incapacité à incarner la cellule de base dans une société globalisée, celle où se nouent encore le contrat social et les fondements de la solidarité ? A ces interrogations, en forme d'angoisses, la réponse n'est pas manichéenne. S'il persévère, sans *aggiornamento*, dans son être, il est en effet condamné : non à l'explosion mais à une lente implosion. S'il est capable de muter et d'échapper à ses pesanteurs, il peut s'offrir une bizarre survie.

La France s'était, depuis près d'un demi-siècle, inventé une échappatoire face à une mutation qu'elle devinait. Puisque son modèle risquait de ne plus fonctionner dans les frontières de l'hexagone, il suffisait de modeler l'Europe à son image. « L'Europe est le levier d'Archimède de la France » : de Gaulle n'avait jamais dissimulé le dessein. Jusqu'à la disparition du communisme, la démarche s'est révélée fructueuse, même si la dynamique communautaire s'éloignait souvent du modèle cartésien, si cher aux Français. Depuis 1989, tout a basculé, c'est une approche plus allemande qui s'impose. Non parce que l'Allemagne est devenue la puissance dominante du continent, mais parce qu'à l'échelle d'une union européenne en voie d'élargissement permanent, seule une démarche plus décentralisée, fondée sur des *checks and balances*, c'est-à-dire des pouvoirs et contrepouvoirs, a une chance de fonctionner. Ce n'est naturellement pas le fédéralisme à l'allemande qui est décalqué au niveau de l'Europe, avec la France transformée en plus grand Land — cinq fois la Bavière. Mais les Allemands sont spontanément plus à l'aise que nous face à l'entrelacs des compétences et au partage des responsabilités.

L'Europe ressemble à un Saint-Empire romain d'un nouveau type, et nos voisins d'outre-Rhin se meuvent plus facilement que nous dans une telle organisation. Si l'Union européenne avait continué à se construire, tel un Etat-nation de niveau supérieur, comme à son origine, nous serions demeurés plus en phase que les autres. La roue a tourné et, confrontés à une évolution qui laissera de moins en moins de place à la culture hiérarchique et rationnelle des Etats-nations, ceux-ci devront eux-mêmes se transformer, sous peine de se nécroser. L'enjeu ne vaut pas que pour la France : la Grande-Bretagne et l'Espagne y sont aussi confrontées. N'échappent, en définitive, au dilemme des Etats-nations que les nations-Etats, celles dont l'existence nationale a précédé la construction étatique, l'Allemagne et l'Italie : elles sont mieux armées, par le hasard des choses, pour cette nouvelle aventure au long cours.

Il ne reste donc aux Etats-nations qu'à s'adapter. Mener des batailles d'arrière-garde face à la toute-puissance du marché, telle l'illusion du « service public à la française », conduit à une impasse et à un choc en retour ultérieur. Rêver d'un système de redistribution, hors des normes européennes, aboutit à une fugitive autarcie. S'accrocher *perinde ac cadaver* à l'égalitarisme débouche, à terme, sur une exclusion accrue. Persévérer, en d'autres termes, dans la perpétuation du modèle français, comme si le monde allait s'arrêter de tourner et la mondialisation de progresser, ne peut engendrer que des lendemains qui déchantent.

Ces pauvres Etats-nations, ballottés et perturbés, doivent soudainement faire l'inverse de ce qui était, jusqu'à présent, leur comportement traditionnel. A eux de découvrir les avantages des stratégies de coopération. Dans un univers où le choix se limite à la souveraineté partagée ou à l'absence de souveraineté, leur avenir suppose d'accepter les lourdes procédures de la cogestion, la quête permanente d'alliés, la recherche de partenaires, les jeux d'influence.

Ainsi, au lieu du débat convenu sur l'instauration d'un gouvernement économique en contrepoint de la banque centrale européenne, les Etats monolithiques devraient se préoccuper du futur fonctionnement de la banque, des complicités à bâtir entre certains pays de la zone euro, des rapports de forces qui s'y instaureront. Si une sensibilité latine s'y développe, elle influencera plus directement les choix relatifs entre croissance et stabilité des prix que la volonté, si classiquement étatiste, de peser politiquement sur l'action de cette nouvelle institution. Ce n'est naturellement pas un hasard si les vieux Etats-nations ont été, en Europe, les derniers à octroyer l'indépendance à leur institut d'émission, la France et l'Espagne il y a à peine quatre ans et la Grande-Bretagne quatre mois. Pour eux, la monnaie unique est un instrument régalien, alors que, dans les nations-Etats, c'est un élément d'identité nationale et non un symbole étatique.

Ainsi, dans le même esprit, de la nécessité pour les Etats-nations de pratiquer un lobbying, qui leur est peu familier, au cœur des systèmes de pouvoirs internationaux. Dans un monde polysynodique, où le pouvoir est partout et nulle part, un Etat doit se comporter comme un groupe de pression. Ni arrogant, ni altier, ni belliqueux, il lui faut cultiver les jeux d'influence, la négociation, la conviction militante. C'est une attitude moins glorieuse que les postures de combat, mais face à la commission de Bruxelles ou à la Cour de justice de Luxembourg, c'est un mode d'action autrement plus efficace. Le gouvernement allemand parvient à protéger plus efficacement le statut de ses banques régionales, grâce à un lobbying de tous les instants, que son *alter ego* français n'arrive à défendre le plan de redressement du Crédit Lyonnais en sortant ses ergots et en prenant la pose. Ainsi de la pénétration discrète et insidieuse, par des fonctionnaires de rang modeste, des centres de décision internationaux, qui permet d'établir, à long terme, des positions de force inattendues.

La litanie est longue des gestes et des initiatives qui témoignent d'une approche coopérative et modeste de la part des Etats, à mille lieues de l'attitude arrogante et solitaire, si classique parmi les Etats-nations. Substituer la coopération à l'ostentation, l'influence à la prépotence, la négociation à la domination manifeste une attitude plus fondamentale que les affirmations traditionnelles sur l'« Etat modeste » ; elle traduit progressivement, de la part de la puissance publique, la conscience de ne plus exercer le monopole de l'intérêt général. Puisqu'ils deviennent des vecteurs, parmi d'autres, de l'intérêt général et non leur incarnation, les Etats ne déchoient pas en se conduisant en acteurs et non en tuteurs. Un Etat-nation moderne accepte, sans réticence, de constituer un maillon dans la chaîne de l'intérêt général.

Dans le même esprit, il admet donc de partager la gestion de cet intérêt général avec d'autres institutions, qui ne sont pas, elles, fondées sur la souveraineté populaire, mais qui tirent leur légitimité de l'histoire, de leur efficacité, de leur magistère moral. Pourquoi, aux Etats-Unis, un doyen de Harvard, un président de la Ford Foundation ou un juge à la Cour suprême ont-ils une aura plus imposante qu'un secrétaire au Trésor ou un secrétaire à la Défense ? Pourquoi, en Allemagne, le recteur d'Heidelberg, le président du tribunal de Karlsrühe, le président de la Fondation Bosch, les chefs de l'Eglise évangélique comptent-ils autant que les ministres ou les hommes d'affaires les plus importants ? Parce que, dans ces deux régimes fédéraux, l'Etat central n'exprime pas, à lui seul, le mythe du bien public et que cette conscience s'est diffusée, en dehors même de la sphère étatique, dans toutes les institutions de la société civile.

Sans faire le détour du fédéralisme, les Etats-nations doivent, pour survivre, accepter la même philosophie. S'ils veulent continuer à incarner, de façon exclusive, l'intérêt collectif, ils risquent de devenir autistes et donc de se condamner à terme. Si, au contraire, ils savent accompagner le cours des choses, aider de nouvelles institutions à s'édifier au lieu d'y voir d'inutiles rivales et se sentir de plain-pied avec elle, ils préserveront une influence à défaut d'une autorité, un leadership en substitution d'un pouvoir déliquescent. Dans ces nouvelles chaînes de responsabilités, les Etats garderont toujours une position de « primogéniture » — suivant la terminologie des filiations monarchiques : ils seront dans la situation étrange où, au lieu de donner le « la » à toute la société, ils lui susurreront des indications, où ils manieront des symboles à défaut de pouvoir, où ils joueront, au mieux, les chefs d'orchestre, à défaut de se comporter en généraux en chef. Pour les Etats-nations les plus sûrs d'eux-mêmes et les plus dominateurs, ce sera moins gratifiant qu'hier. Mais s'ils ne se contentent pas de ce rôle, s'ils refusent une telle *diminutio capitis* et essaient de se conduire comme autrefois, ils deviendront de simples figurants sur la scène mondiale et ne régneront que sur des royaumes d'ombres.

Encore cette vocation résiduelle demeure-t-elle soumise à une condition *sine qua non* : indépendamment de leur capacité d'adaptation et de leur comportement, les Etats-nations ne maintiendront une cohésion minimale que s'ils correspondent à la « structure élémentaire de solidarité », cet *alter ego*, dans la vie sociale, de la « structure élémentaire de parenté » chère à Lévi-Strauss. La Catalogne, les Pays-Bas, la Lombardie, la Bavière répondent, à l'évidence, à cette exigence. La Grande-Bretagne y a, sans le dire, renoncé, avec les projets du gouvernement travailliste relatifs à la dévolution des pouvoirs au profit de l'Ecosse et du Pays de Galles. L'Etat-nation français constitue-t-il encore une « struture élémentaire de solidarité » ? N'est-il pas trop grand et donc inapte à remplir cette mission ? Puisque l'Espagne réussit, de ce point de vue, à tenir le choc face à l'émancipation de plusieurs de ses autonomies régionales et que le Royaume-Uni paraît de moins en moins un royaume et de moins en moins uni, la France peut-elle, seule, faire exception ? Si tel était le cas, elle en tirerait, à l'évidence, un formidable avantage compétitif. L'émiettement des autres nous ferait grandir. Ainsi, au lieu des comparaisons anxiogènes avec l'Allemagne et surtout la grande Allemagne, reine de la Mitteleuropa, nous nous sentirions rassurés face à des Länder moins puissants. Plus l'Europe s'émiette, prisonnière du marché qui la domine et des microcommunautés qui s'émancipent, plus la France, encore unitaire et centralisée, apparaîtrait-elle forte. A l'âge des villes-Etats, des régions en quête de souveraineté, des empires flous, elle servirait de point d'ancrage du continent.

Ce destin n'est pas hors de portée, mais il suppose que le contrat social demeure valable de Dunkerque à Marseille, de Strasbourg à Perpignan. Il faut donc qu'à l'intérieur de l'hexagone, ses deux piliers, l'intégration et la solidarité, ne tombent pas en poussière. Dans un univers mondialisé, ils se maintiendront à la seule condition de voir régresser le chômage et de profiter d'un *aggiornamento* de l'Etat-Providence qui lui permette de se consacrer à sa mission prioritaire, la réintégration des populations en voie de marginalisation. Nous en connaissons les voies et moyens : le choix d'un modèle libéral, soit de droite, soit de gauche, en phase avec les exigences de la globalisation. Ainsi, par une étrange démarche, l'Etat-nation à la française ne peut se perpétuer qu'à la condition d'avoir compris les contraintes de la mondialisation et d'avoir su transformer ses exigences en autant de chances.

*
* *

De notre Etat-nation unitaire et centralisé, il existe, pour nous citoyens, deux usages possibles.

Soit nous calfeutrer sous son aile protectrice, nous recroqueviller à l'abri du donjon, ignorer ce qui se passe à l'extérieur, reprendre, sous couvert de « résistance à la mondialisation » nos vieilles antiennes isolationnistes et protectionnistes : nous serons condamnés, marginalisés, écrasés, méprisés, voire oubliés. Soit nous sentir plus forts dans la tourmente, y voir l'occasion d'être davantage présents dans le monde, nous vouloir combatifs et innovateurs, essayer de peser sur le cours des choses. Ce ne sont pas deux tentations nouvelles pour la France : elle a toujours oscillé entre le réflexe villageois et l'universalisme. Aujourd'hui, elle semble tiraillée entre une acceptation heureuse de la mondialisation et un déclin bougon et introverti.

Chapitre 7

La France à mi-chemin

Tel un personnage sartrien, la France se définit aussi par le regard des autres. Celui-ci témoigne à notre égard, nous le savons, d'une étrange schizophrénie. La presse internationale, les observateurs, les intellectuels, les gourous, les prophètes et la longue cohorte des étrangers désireux de se venger de la « Grande Nation » ne se lassent pas de comptabiliser nos retards au regard des exigences de la mondialisation. La France-musée, l'anti-Silicon Valley, le menhir de l'étatisme, le « Massada » des nationalisations : les images ne manquent pas, qui témoignent d'un pays, seul au monde à être en proie aux fantasmes de l'« horreur économique ». Mais les investisseurs internationaux ne semblent pas à l'unisson de tels sentiments apocalyptiques. Pourquoi, s'ils y croyaient, placeraient-ils leur argent à des taux inférieurs, chez nous, à ce qu'ils sont en Allemagne ? A court terme perplexes, seraient-ils à long terme d'un incoercible optimisme à notre endroit ? Seraient-ils convaincus qu'à notre manière, en nous dandinant, un pas en avant, un pas de côté, un pas en arrière, nous deviendrons des élèves modèles de la globalisation ? Antinomiques, ces deux points de vue sont paradoxalement émis par les mêmes milieux : le jeune journaliste américain, pétri de valeurs californiennes, qui nous critique est un clone de l'analyste financier qui conseille à ses clients d'acheter des obligations françaises à trente ans, c'est-à-dire de parier sur nous, à distance d'une génération.

Nous sommes sur le fil du rasoir, aussi contradictoires que le veut ce double jugement ; en voie d'être marginalisés et en pleine mutation : archaïques mais mobiles ; dépassés mais innovants. Il existe autant d'arguments pour témoigner de notre déclin que de signes roboratifs. Nous avons parcouru la moitié du chemin. Si nous ne trouvons pas de nouveaux leviers de changement, nous risquons de connaître, à notre échelle, le destin de l'Argentine dans les années cinquante, cinquième puissance du monde qui s'est, en deux décennies, perdue dans les limbes de l'Histoire. Si nous accélérons le pas, nous appartiendrons à ceux plus nombreux qu'on ne le croit, aux yeux desque' la mondialisation est heureuse.

*
* *

Même si elle nous laisse maître de notre modèle, libéral de gauche ou libéral de droite, la mondialisation impose sa dynamique : davantage de marché, des Etats sur le recul, un Welfare State à réformer, une nouvelle architecture des systèmes de pouvoir, une concurrence qui se déplace des produits vers les systèmes socio-économiques, des entreprises vers les sociétés civiles. Prise sous l'œil statique du photographe, la France semble aux antipodes de cette évolution.

L'avenir n'appartient ni aux emplois publics, ni à la gestion administrée, ni aux bureaucraties, ni aux mécanismes centralisés. Et nous voilà, dans ce contexte, seuls au monde à accroître le poids des emplois publics. De 1980 à 1985, ils sont passés de 20,2 % à 24,5 % de l'emploi total, alors qu'ils tombaient en Grande-Bretagne de 21,2 % à 14,9 % et qu'ils n'augmentaient en Allemagne que de 14,6 % à 16,1 %, malgré la prise en charge d'une Allemagne de l'Est entièrement fonctionnarisée ! Ne nous dépassent que les vieilles social-démocraties nordiques, mais elles ont entamé, de ce point de vue, une révolution qui ne tardera pas à faire tomber les chiffres en dessous des nôtres. Nos débats doivent sembler bien étranges à des oreilles étrangères, entre une droite libérale qui, lors de la dernière élection législative, se croyait audacieuse en s'engageant à ne pas renouveler un tiers des postes de la fonction publique libérés par les départs en retraite, et un parti socialiste qui a annoncé, triomphalement, une fois au pouvoir, son refus de voir baisser le nombre de fonctionnaires et s'apprête à embaucher 350 000 « quasi-fonctionnaires ».

De même, le pays unanime s'enorgueillit-il de son « service public à la française », sans s'étonner de voir la SNCF crouler sous les dettes, au moment où la Bundesbahn va être privatisée et où même les chemins de fer italiens commencent à ressembler à une entreprise. Lorsque le gouvernement Jospin joue à cache-cache avec le principe de nouvelles privatisations, le pays semble au fond de lui-même, en phase avec de telles ambiguïtés. La droite, elle-même, ne s'était-elle pas interdit de faire descendre l'Etat en dessous de 51 % dans le capital de France Telecom et n'avait-elle pas trouvé obscène la perspective de vendre sur le marché la moindre action d'EDF ? Dans tout autre pays, le blocage du processus de privatisations aurait provoqué une réaction brutale de la société civile ; en France, au nom de la tradition historique et d'on ne sait quel atavisme managérial, la décision apparaît anodine. Que le gouvernement renonce à renationaliser telle ou telle entreprise suffit à rassurer l'opinion sur son empirisme ! Incroyable pays qui pense avoir raison contre le monde entier et qui croit possible de faire subsister son modèle colbertiste dans un bain international caractérisé par la dérégulation et la privatisation !

Sur le grand livre des étrangetés, la France s'inscrit avec maintes spécificités, dont elle demeure fière. Educatives : ainsi se targue-t-elle d'un nombre d'étudiants deux fois plus élevé qu'en Grande-Bretagne et un tiers plus important que dans une Allemagne forte pourtant de ses quatre-vingt millions d'habitants ! L'existence d'un système monolithique, qui repousse à chaque fois le moment de la sélection, nous paraît mériter l'admiration du monde entier, sans que nous nous demandions si, au jeu de la concurrence entre les élites, il est le plus efficace. Que les enfants des milieux favorisés commencent à aller faire leurs études à l'étranger, comme les fils de bourgeois d'Amérique du Sud, relève paraît-il, de l'anecdote ou de bizarreries intellectuelles ! Que les classements encore balbutiants sur les meilleures filières internationales ne fassent apparaître nos sublimes grandes écoles qu'à des rangs modestes ne trouble personne ! Qu'à la bourse informelle des grands universitaires, seuls quelques Français émergent, sans que nous puissions présenter des bataillons, en rang serré, de chercheurs de bon aloi, ne préoccupe aucun gouvernement ! Que la France, vieille patrie de l'intelligence, se marginalise dans les instances scientifiques mondiales, n'intéresse que les seuls oiseaux de mauvais augure ! L'excellence n'est pas l'objectif ultime du système ; c'est l'absence de sélection. Quant aux filières les plus sélectives, elles sont certes contestées : mais, au lieu de les juger à l'aune de leurs concurrentes étrangères et donc de les remettre en cause sous cet angle-là, c'est au nom d'un sacrifice rituel au populisme qu'elles se trouvent sur le banc des accusés !

Spécificités fiscales — comment l'oublierions-nous ? — avec un taux de prélèvement supérieur d'au moins 5 % à celui des autres grands pays et que n'atteignent que de petits Etats, tels la Suède, la Belgique ou les Pays-Bas plus ramassés, cohérents et solidaires. Encore ceux-ci, gouvernés à droite ou à gauche, n'ont-ils de cesse de réduire progressivement le poids des impôts et taxes. Hormis l'Italie et l'Espagne, fatalité latine, aucun pays développé ne possède un système fiscal aussi archaïque, privilégiant les cotisations sur les impôts, les impôts indolores aux dépens des autres, la rente par rapport à la création d'entreprises, le capital vis-à-vis du travail, l'exonération, le privilège corporatiste, la niche protégée par un lobby, de préférence à un abaissement uniforme du prélèvement. Par rapport aux tendances qu'impose à la fiscalité la mondialisation — une diminution régulière des prélèvements, des impôts à base très large et aux taux très faibles — le dispositif français apparaît antédiluvien : sa modernisation sera donc plus difficile qu'ailleurs et le prix politique à payer plus élevé.

Spécificités réglementaires, avec cet affrontement surréaliste sur le mot même de flexibilité et l'existence, avec le SMIC, d'un tabou aussi solide que le respect, après 1918, des anciens combattants. Dans quel autre pays du monde, un pouvoir fraîchement élu remercie-t-il ses électeurs par une hausse du salaire minimum, à la manière de nos monarques qui faisaient distribuer de la nourriture à leurs sujets le jour de leur couronnement ? Où, hormis en France, se dispute-t-on sur les mérites comparés du rétablissement de l'autorisation administrative de licenciement et du contrôle juridictionnel des plans sociaux ? La France était, en matière de droit du travail, plus libérale que les régimes autrefois autoritaires et corporatistes, comme l'Espagne et le Portugal ; elle est désormais plus rigide et plus bureaucratique qu'eux. Il existe, nous le savons bien, des explications historiques à cette situation, mais un Persan qui débarquerait chez nous ne se lasserait pas de nos étrangetés.

Ni libéral, ni social-démocrate, notre pays est social-corporatiste. Il refuse une trop grande régulation par le marché ; il n'a jamais su bâtir, avec des acteurs sociaux puissants, de compromis ; il fonctionne encore à travers le tête-à-tête entre des professions qui demandent à l'Etat d'alléger, par des subsides, le choc du marché et une puissance publique, entraînée dans l'échelle de perroquet des concessions octroyées aux uns puis aux autres. Traditionnelle de la part des lobbies, la posture revendicative demeure efficace. Imaginerait-on, dans un autre pays, l'instauration d'un texte, tel la loi Raffarin, soumettant à autorisation la transformation des commerces de plus de 300 mètres carrés ? Il a fallu quarante ans pour que l'immobilier se débarrasse de la loi de 1947 sur les loyers et nous voici réinventant, en matière commerciale, le même arsenal législatif ! La litanie est sans fin des comportements, attitudes, habitudes ou héritages qui nous mettent en porte à faux vis-à-vis de l'air du temps et, au lieu de s'en préoccuper, les élites préfèrent décréter que le soleil doit tourner autour de la terre et qu'en l'occurrence nous avons raison contre le monde entier, au risque pour celui-ci, de devoir s'aligner sur l'exception française.

Vu sous l'angle microéconomique, le procès à charge se poursuit aisément. Des secteurs entiers en retard de restructurations, de l'armement à l'automobile. Des entreprises publiques qui, pour certaines, seraient, sans la garantie de l'Etat, en dépôt de bilan. Des sociétés privées qui, pendant des décennies, ont fait prévaloir l'autoprotection de leurs dirigeants sur l'intérêt des actionnaires. Des mœurs capitalistes qui nous rapprochaient davantage de la féodalité que de la démocratie actionnariale et de la transparence du marché. Une Bourse, la plus ouverte sur les capitaux étrangers, puisque dépourvue de grandes institutions financières, de fonds de pensions et, sauf exceptions, de puissants acteurs capitalistes. Des entrepreneurs de taille internationale, si peu nombreux qu'ils se comptent sur les doigts des deux mains et que notre establishment contemple étrangement avec circonspection. Des entreprises moyennes, encore prisonnières de leur adage historique : pour vivre heureux, vivons cachés. Des banques ravagées par la crise immobilière, victimes de leurs antagonismes traditionnels et qui, au regard de leurs concurrentes étrangères, ont plus de dix ans de retard dans leur rationalisation. Des sociétés de crédit à la consommation dont les méthodes commerciales et les modes de tarification semblent bien conformistes par rapport à l'inventivité de leurs *alter ego* anglaises ou américaines. Des sociétés mutualistes qui n'envisagent guère, sauf exceptions, de transformer leurs sociétaires en actionnaires, comme leurs équivalents étrangers ne cessent de le faire. Des créations d'entreprises, limitées par la course d'obstacle des règles bureaucratiques et les inhibitions bancaires. Un esprit entrepreneurial en déshérence ; des passionnés d'Internet qui fuguent en Californie ; des financiers de trente ans qui émigrent à Londres... Les observateurs étrangers n'éprouvent guère de difficultés à repérer les arthritismes, les retards et les blocages de l'économie française.

Lorsqu'ils passent du matériel à l'immatériel, de l'économie à la psychologie, des infrastructures aux superstructures — comme disaient feu les marxistes —, ils peuvent nourrir, avec encore plus de facilité, leur pessimisme. Nous ne mesurons guère la langueur qui nous frappe, mais les étrangers la voient, eux, au premier regard. Trop heureux, pour beaucoup, d'en finir avec le culte de l'exception française, l'arrogance universaliste, la provocation gaulliste, ils n'ont guère de mal à nous décrire comme l'homme malade de l'Europe. Comment ne pas mettre face à face une Allemagne, secouée par l'unification, qui a dû intégrer les dix-sept millions de « pieds-noirs » des Länder de l'Est et accueillir des immigrés par centaines de milliers et où l'extrême droite ne recueille que 2 % des suffrages, et une France où l'immigration clandestine se limite à quelques dizaines de milliers de personnes, obsédée par son problème d'identité et avec une extrême droite en plein essor ? Comment ne pas comparer la volonté de normalisation, voire d'intégration dans le jeu démocratique, des autres partis extrémistes en Europe, telle l'Alliance nationale en Italie, et la résistible ascension ici, d'une organisation fascisante ? Comment ne pas additionner les votes protestataires lors des élections présidentielles et législatives et mesurer, par comparaison, la base électorale, de plus en plus étroite, des partis de gouvernement ?

Le spectacle politique que nous offrons au monde n'accroît pas notre crédit, et même à l'intérieur de la sphère institutionnelle, l'accélération de l'alternance traduit un malaise. L'allure hiératique des institutions de la Ve République ne doit pas faire illusion : la France a retrouvé son goût historique de l'instabilité. A côté d'une Grande-Bretagne gouvernée pendant dix-huit ans par les Tories et d'une Allemagne dont le chancelier espère battre le record de longévité de Bismarck, nous avons bonne mine avec nos cohabitations à répétitions et, depuis 1981, nos scrutins nationaux qui ne cessent de se contredire. La société politique française, tel un insomniaque, n'arrête pas de se tourner et de se retourner dans son lit, sans trouver une bonne position. Aucun autre pays n'est aussi agité. Seules les apparences de la monarchie présidentielle servent encore de paravent et nous protègent d'un diagnostic traumatisant : nous sommes devenus plus instables que l'Italie des années soixante ! Celle-ci changeait de gouvernement, mais non de majorité, alors que chez nous, une majorité parvient, au mieux, à garder le pouvoir cinq ans ! Ajoutons, pour faire bonne mesure, des partis politiques de plus en plus désertés, en train de devenir de purs syndicats d'élus ; l'insidieuse montée du populisme qui, outre ses connivences avec l'extrême droite, se glisse partout ; la fantasmagorie, toujours historiquement inquiétante de la coupure entre les élites et le peuple ; et une certaine paresse collective qui nous voit inaptes au rêve et à l'enthousiasme. Dans ce contexte, les victoires électorales des uns ou des autres, prennent vite un goût de cendre. Le Persan qui écrirait une *Lettre persane* fin de siècle sur la situation politique française trouverait facilement matière à s'étonner, à s'inquiéter, voire à nous clouer au pilori.

S'il consacrait sa lettre suivante à l'atmosphère sociale, elle ne serait ni plus gaie, ni plus optimiste. Pour autant qu'il nous ait découverts en décembre 1995, elle aurait même des accents apocalyptiques. Un pays moderne entièrement paralysé, parce que les conducteurs de trains craignent de ne plus pouvoir prendre leur retraite à cinquante ans ! Vue de Singapour, c'était une situation loufoque, de Chicago surréaliste et de Francfort ou de Londres, inquiétante. Si notre observateur avait plongé plus loin dans le tissu français, il aurait trouvé d'autres motifs à son inquiétude. L'affaiblissement, au premier chef, de syndicats traditionnels qui doivent se mettre à cinq pour enrôler sous leur bannière 10 % des salariés. Leur quasi-disparition du secteur privé où leur présence serait bien nécessaire pour rétablir, au profit des salariés, le partage salaires/profits et leur surpuissance corporatiste dans un secteur public dont ils bloquent au contraire toute velléité d'évolution. La montée, avec SUD, d'une organisation imprévisible et irrationnelle dont le refus de l'économie de marché est viscéral. L'apparition fugitive de coordinations, à l'occasion de conflits, tels ceux des routiers ou des infirmières, qui s'évanouissent aussi rapidement qu'elles ont occupé, avec brutalité, la scène sociale. L'absence, en un mot, de syndicats puissants, stables et structurés, comme l'exige le bon fonctionnement de la démocratie. La grève classique, avec ses codes et ses rites, s'efface au profit de conflits violents qui voient une corporation prendre, sans vergogne, en otage la société entière. D'autres pays ont, certes, connu des affrontements sociaux aussi âpres, mais lorsque Mme Thatcher s'attaquait aux *trade-unions*, quitte à laisser Londres deux mois sans électricité, deux pouvoirs classiques étaient aux prises, sans laisser de place à l'incertitude ou à l'aléa. Quand les syndicats de la fonction publique, allemands ou belges, bloquent dix jours leurs pays, ils le font au terme d'un dialogue traditionnel. Nulle part, le débat social n'existe sans tensions, ni conflits ; ceux-ci en constituent le ferment, mais ils s'intègrent dans un processus démocratique aux pratiques et aux règles établies. La France inquiète par ses bouffées de violence, son imprévisibilité, sa manière si particulière de s'enflammer, puis de retomber dans l'apathie sociale. Comment un observateur peu rompu aux particularités de nos traditions sociales ne verrait-il pas, dans ces accidents à dates imprévues, les manifestations d'un rejet de l'économie capitaliste la plus classique, et donc *a fortiori*, de ce « stade suprême du capitalisme » auquel s'assimile la mondialisation ? Aurait-il d'ailleurs tort dans cette analyse volontairement fruste ?

Ultime lettre de notre Persan, ses impressions en pointillé sur l'état d'esprit des Français. S'il arrive de Londres, il trouvera Paris sans tonus, sans allant, sans ressort artistique, sans inventivité culturelle, et il sera instantanément oublieux des années peu lointaines pourtant où c'était la capitale britannique qui semblait *out*. S'il débarque d'une Amérique en pleine croissance et débarrassée du chômage, il ressentira le poids de la chape de plomb que fait peser la crainte du licenciement. S'il vient, en ligne directe, d'Asie, il s'étonnera de parcourir un pays moderne dont les citoyens imaginent l'avenir de leurs enfants pire que le leur. S'il s'arrête à Roissy, en provenance de Russie ou de Bulgarie, il restera coi devant l'impression mélangée de richesse et de tristesse qui émane de nous. Si enfin, francophone, il nous regarde avec nos propres yeux, à travers la presse et la télévision, il découvrira un pays hypocondriaque. Les Français broient du noir, au moment où les autres Européens du continent voient la vie en gris et le reste du monde en rose.

Effet retard, après la chute du mur de Berlin, de la marginalisation que celle-ci a imposée à la France ? Sentiment d'angoisse d'une société arc-boutée à son

Etat et qui vit avec inquiétude la décrépitude des pouvoirs régaliens ? Affolement d'une population devant l'irrésistible montée du chômage, que son inculture économique empêche de comprendre ? Perplexité face à la dissolution irréversible de l'Etat-nation ? Réflexe de frilosité, sous le souffle du grand large, avec la tentation de se réfugier auprès d'un Etat qui n'en peut mais, comme autrefois les paysans au pied du donjon ? Ou simple résurrection du pessimisme dans un pays dont le moral connaît des phases alternées de sérénité et d'angoisse ? Etrange population qui classe, dans les enquêtes d'opinion, son pays en avant-dernier de l'Union européenne, pour la qualité de vie et les perspectives d'avenir, alors que nos quatorze partenaires nous placent, eux, en tête ! Un tel désarroi complique l'adaptation à une mondialisation qui en constitue, par ailleurs, la cause première. Où discourt-on autant, l'angoisse chevillée au corps, de la mondialisation et de la globalisation ? L'anomalie française joue, là, à plein : ailleurs, ces phénomènes sont perçus, au mieux comme une aubaine, au pire comme un risque maîtrisable, nulle part comme une préfiguration de l'enfer.

Pour des étrangers, le triomphe de l'« horreur économique » est le plus inquiétant des symptômes ; il traduit une régression psychanalytique de la collectivité française, sans équivalent ailleurs ; il nous met hors jeu, hors normes, hors monde. Ainsi, par un étrange phénomène tautologique, le monde entier commence-t-il à s'inquiéter de la France, pour des raisons qui tiennent à la propre angoisse que celle-ci éprouve face à lui. A une époque où la réflexion intellectuelle voit dans la « confiance », le principal facteur de production, plus décisif encore que le capital et le travail, sa disparition du paysage français, ajoute encore à l'inquiétude. Quand les analystes étaient indifférents à la psychologie collective, le désarroi moral n'aggravait pas, aux yeux des autres, la situation objective d'un pays. Aujourd'hui, il la détermine davantage que le rythme de croissance, la tenue de la monnaie ou le niveau de chômage. Ne pas être une « société de confiance » constitue la tare suprême. La tentation est donc grande, pour notre Persan, de poser, au terme de son périple, un diagnostic définitif : n'ayant ni compris la nature de la mondialisation, ni accepté ses exigences, la France est en train de se mettre hors jeu et se condamne au déclin.

*

* *

Et pourtant, elle tourne. Mal dans sa peau, ravagée de difficultés, hostile à la mondialisation, promise à la marginalisation, la France demeure une oasis. Le jugement des investisseurs dans un monde dominé par l'argent n'est pas anecdotique ; il vaut son poids en milliards de dollars d'investissements. Pourquoi diable l'analyste financier de New York qui a lu dans le *New York Times* fin 1996 la série d'articles la plus délétère que l'on puisse consacrer à un pays, n'hésite-t-il pas à préférer, suivant son jargon, le risque français au risque anglais ou au risque allemand ? Parce qu'il croit à l'avènement de l'euro et que celui-ci nous sert de bouclier, nous répondra-t-on. Mais au moins cela traduit-il la confiance des étrangers à nous voir capables d'accepter les contraintes de la monnaie unique... Parce qu'il ne se berce pas d'impressions mais de chiffres macroéconomiques, prétendront d'aucuns. Un rythme de croissance qui demeure dans la moyenne de l'Union européenne, même s'il n'est plus, comme autrefois, en tête ; une inflation définitivement éradiquée ; une compétitivité meilleure que celle de nos voisins continentaux ; une balance commerciale structurellement excédentaire, après avoir été si longtemps déficitaire. Voilà autant d'arguments propres à expliquer l'engouement des analystes et investisseurs. Celui-ci est tellement vif qu'il résiste à l'instruction à charge, à la portée du moindre économiste : l'étatisme des Français les rend plus inaptes que les autres à réduire drastiquement les dépenses et les prélèvements publics ; les réticences devant la mondialisation compliquent l'adaptation des structures ; le niveau élevé de chômage bride la consommation, donc la croissance et pèse sur le ressort psychologique du pays ; le retard des Français à accepter le jeu de l'économie capitaliste les défavorise dans une compétition qui voit régner, de manière totalitaire, le marché.

En toute logique, à jauger les pays à l'aune des exigences de la globalisation, la France devrait se situer derrière maints de ses congénères, plus souples, plus ductiles, plus mobiles. Faut-il donc que, par une prescience inattendue, les marchés nous découvrent des qualités secrètes face au défi de la mondialisation ! Sans doute sont-ce les mêmes qui peuvent pousser un constructeur automobile nippon, sollicité de toutes parts devant la perspective de la manne que représente, aujourd'hui, une nouvelle usine, à préférer la France à l'Angleterre pourtant si flexible, à l'Italie si souple, à l'Espagne si peu chère, à l'Allemagne tellement plus sûre, à un Benelux naturellement plus paisible. Nous serions-nous adaptés, sans crier gare, aux exigences de la mondialisation ? Ou disposerions-nous d'atouts intrinsèques ?

Ainsi de la révolution capitaliste en cours. *Der Geist der immer neinnt* — l'esprit faustien qui toujours nie — demeure obsédé par les arthritismes du capitalisme français, de l'indifférence aux actionnaires au mépris à l'égard des actionnaires minoritaires, du silence capitonné des conseils d'administration aux mécanismes d'autoprotection de la classe dirigeante. C'est faire fi des bouleversements actuels. Le mérite n'en revient ni à la lucidité des uns, ni à la prudence des autres, mais au couple indissociable formé du marché et de la règle de droit. Avec une Bourse qui, nous l'avons vu, commence à ressembler à un compartiment spécialisé du New York Stock Exchange, impossible de préserver nos mœurs d'Iroquois ! Avec une justice, désormais aussi attentive aux comportements des puissants qu'elle l'était peu autrefois, impossible de dissocier la règle et la pratique, le respect formel des textes et les accommodements avec le ciel ! La répression des délits boursiers, l'affirmation progressive de la Commission des opérations de bourse comme magistrature financière, le marteau pilon de l'abus de biens sociaux, les décroisements de participations, la réduction, encore balbutiante, du nombre de mandats d'administrateurs par personne, la protection plus sourcilleuse même qu'aux Etats-Unis et en Grande-Bretagne des actionnaires minoritaires, la découverte des analystes financiers et, à travers eux, des exigences des actionnaires, le culte rhétorique puis authentique, de la « création de valeur », la chasse aux décotes boursières, le rachat d'actions des sociétés par elles-mêmes, les prémices d'une responsabilité pénale des administrateurs, le respect scrupuleux des prescriptions du droit des sociétés : autant d'évidences, dans un pays capitaliste normal, qui ne l'étaient guère en France ! La normalisation a été si rapide que le capitalisme français semble désormais plus proche de ses *alter ego* américain et anglais, transparents et juridiquement parfaits que d'un système allemand, opaque et oligarchique ou d'un jeu italien, féodal et flou.

De même, la course à la taille critique ne laisse plus aucune place au chiffre d'affaires, ce critère digne de l'économie soviétique, mais se fonde sur les capitalisations boursières, le retour sur capital investi, la constitution de valeurs et l'efficacité. Lorsque le marché marque son accord à une démarche stratégique, tout devient possible. Lorsqu'il exprime ses doutes en pesant sur les cours de Bourse, les projets se grippent. Qui aurait imaginé, il y a encore deux ans, l'offre publique d'échange d'AXA sur l'UAP, la prise de contrôle d'Havas par la Compagnie Générale des Eaux, la fusion entre Suez et la Lyonnaise des Eaux ? Les susceptibilités personnelles, le respect formel des institutions, les positions mondaines suffisaient à rendre surréalistes de tels projets. De telles inhibitions ne pèsent guère face à la pression du marché et aux exigences de la rentabilité. Un processus s'est mis en route, qui n'est pas près de s'arrêter : il verra se constituer des champions nationaux, des *joint-*

ventures internationales, des alliances transfrontières, au gré des exigences de la réalité et non plus en fonction des convenances personnelles des dirigeants.

L'instauration, si longtemps retardée, des fonds de pension va dans la même direction. Il n'existe pas de capitalisme puissant, sans la profondeur de champ que lui donnent des institutions de retraite par capitalisation. Les velléités du gouvernement Jospin d'empêcher une telle évolution feront long feu : elles s'effaceront dans les sables de la réalité. Au lieu de se laisser aller à un sursaut d'archaïsme, un gouvernement socialiste moderne se serait battu sur un enjeu, lui, *sui generis*, c'est-à-dire l'instauration d'un système de gestion bipartite analogue à celui qui gouverne les régimes de retraite par répartition. A se tromper de cible, le pouvoir ne pourra empêcher les fonds de pension de se constituer et les représentants des salariés y joueront, au plus, un rôle de figuration. Cet aller et retour témoigne, certes, de l'inachèvement du processus capitaliste, mais tout observateur objectif peut reconnaître que plus de la moitié du chemin a été désormais parcouru.

Même le moloch du « service public à la française » finit par bouger. Ainsi de la privatisation de France Telecom que la réalité a imposée successivement à un encadrement méfiant, à des syndicats hostiles, à un gouvernement de droite au départ apeuré, à un pouvoir de gauche idéologiquement crispé. Quinze ans après British Telecoms, remarqueront les sceptiques. Certes, mais quelques mois seulement après Deutsche Telekom et quelques semaines avant la STET italienne. Le mot « privatisation » est naturellement abusif puisque l'Etat prétend, à vue humaine, vouloir garder ses 51 %. Mais la force des choses prévaudra à nouveau. Un autre psychodrame se jouera sur le franchissement de la barre des 50 %, et des alibis d'ordre constitutionnel — la jurisprudence du Conseil constitutionnel semble, pour l'instant, rigide sur ce point — viendront conforter les réticences idéologiques, et l'événement finira par se produire. La seule incertitude tient au retard avec lequel nous franchirons cette étape, par rapport aux autres Européens qui ont d'ores et déjà tranché cette question de principe. Osons néanmoins un pronostic : l'accélération vertigineuse de la concurrence, les regroupements mondiaux qu'elle entraînera, ne devraient guère nous offrir un sursis de plus de cinq ans. S'il est encore en place, le gouvernement socialiste qui vit, comme un arrachement, la renonciation aux 100 %, sera obligé d'entériner le passage, en dessous de 50 %, de l'actionnariat public !

Même la citadelle EDF finit, elle-même, par bouger. Que d'appréhensions avait engendrées la perspective de la directive européenne ouvrant au jeu de la concurrence un tiers de la fourniture d'électricité ! Unanime dans l'inquiétude, la classe politique française imaginait la France privée, pendant plusieurs jours, de courant et donc à la merci d'une explosion. Il ne s'est rien passé. Le corps social d'EDF a toléré, *volens nolens*, un texte dont il sait qu'il représente le début d'un processus irréversible. Est-ce la difficulté, techniquement grande, de couper le courant ? Le résultat d'une évolution subreptice des mentalités ? L'effet d'une fatigue psychologique après les grèves de décembre 1995 ? Peu importe. Une étape décisive a été franchie ; elle s'est même produite sur des fondements exclusivement juridiques et européens — la marche communautaire vers la dérégulation — sans que joue, comme pour les télécommunications, un bouleversement technologique. Or celui-ci, à en croire les experts, est sur le point de se réaliser : les conditions de la distribution électrique vont se métamorphoser grâce à un suivi de plus en plus fin, l'électronique aidant, de la consommation. La pression à la dissociation des métiers — production, négoce en gros de l'électricité, distribution — ne fera que s'accroître, avec pour conséquence, une mise en cause de plus en plus ouverte du statut d'EDF. Un jour, *horresco referens*, EDF sera, à son tour, privatisée ! L'évolution est certaine, mais la date imprévisible. Or elle conditionnera en partie l'avenir de l'entreprise : menée à temps, elle permettra à ce monstre sacré de demeurer le premier opérateur électrique mondial ; trop tardive, elle ne pourra pas empêcher sa marginalisation compte tenu de la redistribution mondiale des cartes qui vient de commencer.

Chez Gaz de France aussi, les fenêtres vont s'ouvrir grâce à la perspective d'une dérégulation juridiquement certaine et technologiquement naturelle. Et même l'univers du chemin de fer a entamé sa mue. Qui aurait imaginé possible, un an après le séisme de 1995, la dissociation entre le réseau ferré, confié à un établissement public *ad hoc*, et la gestion de l'exploitation demeurée l'apanage de la SNCF ? Chacun sait, les syndicats les premiers, que cette réforme porte en germe l'ouverture à la concurrence du service public, et pourtant, après une première volte-face du gouvernement de l'époque, son adoption a été aisée. Nous demeurons certes très en deçа de la réforme de la Bundesbahn, promise à une privatisation prochaine, sans même penser au chemin de fer britannique, morcelé et privatisé, compagnie régionale par compagnie régionale.

Dans d'autres parties du secteur public, le mouvement est, lui aussi, irréversible. Il a fallu une décennie pour voir la forteresse ouvrière Renault, en quasi-dépôt de bilan en 1985, devenir une société de droit privé dont deux tiers des salariés français sont actionnaires. La sortie définitive de l'Etat du capital de l'entreprise n'est plus désormais qu'affaire de circonstances. Qui aurait prévu, il y a dix ans, un tel atterrissage en douceur ? Pronostiquer, d'ici 2005, la privatisation d'EDF, n'est pas plus fou que ne l'aurait été, en 1985, l'annonce de celle de Renault... L'armement n'échappera pas davantage que le reste de l'économie à la loi de la réalité. L'interrogation ne porte là aussi que sur le rythme : trop tardive, la métamorphose des sociétés liées à la défense les empêchera de participer aux restructurations européennes, avec le risque, dans cette hypothèse, que, pour quelques années de retard, la France se trouve à la tête d'un arsenal multi-métiers dont nul ne rechercherait l'alliance. Une fois de plus, ce n'est pas sur la direction qu'il existe le moindre doute, mais sur le tempo.

Au sein même de l'administration, l'inertie ne représente pas la norme universelle. Certes, les multiples réformes entamées depuis vingt ans par les gouvernements successifs paraissent bien dérisoires à l'aune des bouleversements qu'ont connus les services publics anglais, japonais, hollandais voire allemands. Mais de même que la bureaucratie soviétique s'accommodait du marché kolkhozien, notre Etat si massif soit-il, voit se développer, en son sein, ici et là, des poches de liberté et d'innovations : elles se forment naturellement en quasi-illégalité vis-à-vis des procédures financières, des règles juridiques et des usages, mais elles vivent.

Le « mammouth » de l'Education nationale — seul un ministre de gauche pouvait s'offrir une telle liberté de parole — est le premier dans cette situation. Ainsi, au sein du monde universitaire, de la hiérarchie secrète qui s'établit entre les DESS et les DEA les meilleurs, devenus des grandes écoles clandestines au cœur des facultés les plus classiques. Ainsi, sous la férule de chefs d'établissements dynamiques, de l'autonomie que s'octroient maints lycées, afin de mieux s'adapter aux besoins de leur environnement, phénomène d'autant plus impressionnant que les proviseurs ne peuvent recourir qu'à leur autorité morale, en l'absence de vrais pouvoirs de décision. Ainsi du rapprochement, surtout en province, entre le monde éducatif et les entreprises qui, il y a quinze ans, se regardaient en chiens de faïence, voire en ennemis de classe et qui, désormais, collaborent comme ils peuvent le faire dans tous les pays normaux. C'est cette myriade d'initiatives locales, de projets incontrôlés, de collaborations informelles qui permettent à notre système éducatif de tenir encore un rang décent. Les étrangers se plaignent autant que nous de leur école et, à voir les comparaisons internationales, ils sont souvent plus mal lotis que nous ne le sommes. L'administration française n'est pas menacée d'une dégénérescence à la soviétique. A sa manière et à son rythme, elle est bousculée par les vents du large, mais plus encore que pour les entreprises publiques soumises à la corde de rappel du marché, le risque réside dans la lenteur de son évolution.

Autre germe de changement, le plus important peut-être, la révolution des mentalités. Que le sens entrepreneurial des jeunes diplômés français n'ait rien de californien est une certitude, mais quelle évolution sur une génération ! Les élèves des grandes écoles ne rêvaient, une fois dotés de leur brevet d'officier d'ancien régime, que du service de l'Etat. Une entreprise publique leur paraissait un employeur, à la limite tolérable ; une grande entreprise privée semblait vulgaire et une société moyenne, surtout dans la grande consommation, la distribution ou les services, le comble de l'inconvenance. Quel diplômé de Polytechnique, d'HEC ou de Centrale ne rêve-t-il pas désormais de l'Oréal de préférence à EDF, et de Carrefour plutôt que de l'Aérospatiale ? Ne voit-on pas des élèves fraîchement émoulus de leur école, créer leur propre micro-entreprise et vivre la solitude du coureur de fond auquel s'assimile, en France, le destin de tout patron de PME ?

Les diplômés des écoles commerciales, spécialisés en finances, ont été plus nombreux à être embauchés, l'an dernier, à Londres qu'à Paris. Ce fut un beau tollé. L'occasion était trop belle de s'inquiéter pour l'avenir de la place financière de Paris, de mettre en cause la fiscalité sur les hauts revenus et de décréter qu'un pays abandonné par ses futures élites est condamné au déclin. Pourquoi ne pas lire, de façon exactement symétrique, le phénomène ? Le niveau de nos diplômés leur permet de se présenter, avec de bonnes chances de succès, sur le marché international du travail ; leur ouverture d'esprit les a rendus spontanément extravertis ; ce sont les enfants naturels de la mondialisation...

La même évolution d'esprit se manifeste, beaucoup plus bas dans l'échelle sociale, chez les jeunes qui abordent, avec des diplômes incertains, la vie active. S'ils manifestaient la même rigidité d'esprit que notre génération, la société exploserait. Eux savent au contraire s'adapter, aller de « petits boulots » en emplois fugitifs, inventer des formes plurielles d'activités, faire preuve d'initiative et de souplesse. Leur attitude ne relativise naturellement pas le drame du chômage auquel ils sont confrontés, mais elle témoigne d'une capacité de s'adapter, de gré ou de force, à l'environnement et d'en tirer le moins mauvais parti. Sans une telle mutation des comportements, la France n'aurait jamais supporté ni 12 % de chômeurs par rapport à la population active, ni 25 % parmi les jeunes qui ont arrêté leurs études. Il y a quelque indécence, prétendront d'aucuns, à tirer argument de la manière dont les jeunes s'adaptent aux contraintes de la mondialisation, pour en faire la preuve par neuf de sa bienfaisance... La flexibilité et la souplesse ne sont pas divisibles. Les qualités démontrées par les Italiens dans la réussite de leur « économie noire » et dans leur capacité de se passer de l'Etat constituent autant d'atouts face à la globalisation. Le sens de la survie, dont fait preuve la société française aux prises avec le chômage, n'est pas si différent de l'intelligence avec laquelle elle s'est ouverte au monde : n'oublions jamais que ce pays, en apparence tellement tourné vers lui-même, est le premier exportateur par tête d'habitant parmi les grandes économies, et donc le plus ouvert au jeu du marché mondial.

*
* *

Prisonnière de ces tentations simultanées, l'une déprimante, l'autre roborative, la France n'est pas condamnée à être spectatrice de son propre destin. A elle de s'appuyer sur ses propres éléments de forces, sur les signes d'un nouvel état d'esprit et de les amplifier. Les instruments ne manquent pas qui, pris un à un, peuvent paraître dérisoires, mais qui, additionnés, contribuent à marquer un cap.

Existe-t-il, au premier chef, des moyens susceptibles d'améliorer la croissance et de nous aider à retrouver l'avantage relatif que nous avions vis-à-vis de nos partenaires et que nous avons perdu ? Au-delà des exigences naturelles de bonne gestion, d'orthodoxie budgétaire, de doigté monétaire, de maîtrise des coûts salariaux et du maintien de notre puissance exportatrice, sans doute pourrait-on souhaiter un meilleur partage de la valeur ajoutée au profit des salaires. Mais il ne s'agit pas de le bousculer aux dépens des profits, comme à l'époque de la crise pétrolière, lorsque les élites françaises firent le choix de faire payer aux seules entreprises l'ajustement. Sur les 10 % de valeur ajoutée perdus par les salaires, ces dernières années, une correction serait souhaitable. Elle ne peut venir de l'Etat, car dans le secteur public, les salaires n'ont aucune flexibilité : rigueur budgétaire oblige, mais aussi équité oblige, dès lors qu'un fonctionnaire, dont l'emploi est garanti, est désormais mieux rémunéré qu'un salarié du secteur privé exposé, lui, au risque du chômage. Mais dans l'univers concurrentiel, nous payons macroéconomiquement la faiblesse des syndicats. Ce serait à eux, s'ils en avaient la capacité, d'établir un rapport de forces qui pousserait les entreprises à des augmentations salariales, lorsqu'elles en ont les moyens. Ils en sont si incapables que la fixation des rémunérations relève du libre arbitre patronal, et donc leur accroissement du despotisme éclairé des employeurs... Ce n'est pas le levier le plus sûr.

Face à cette équation sans solution — un Etat auquel il est interdit de donner l'exemple ; un patronat que rien ne presse — se dessine une seule voie de sortie : la relance des procédures d'intéressement, grâce à une incitation fiscale. Ainsi de l'idée de dispenser de cotisations sociales le surcroît marginal de salaires, distribué sous forme d'intéressement et libéré de tout blocage, afin d'alimenter la consommation. Ainsi de la perspective, au lieu de jouer sur les cotisations sociales, d'inventer un avantage fiscal, avec naturellement dans une hypothèse comme dans l'autre, les tempéraments techniques destinés à éviter que les incitations ne récompensent des hausses de salaires qui auraient été, de toute façon, octroyées. Ainsi des mécanismes destinés à développer massivement l'actionnariat salarié, avec pour références les systèmes mis en place dans les entreprises privatisées et qui représentent désormais, pour les salariés qui ont choisi à l'origine le dispositif le plus avantageux, des gains de pouvoir d'achat après impôts sans comparaison avec ce qu'ils peuvent espérer de la hausse de leur salaire. Relancer le mouvement, compte tenu de la multiplicité des mécanismes disponibles, passe par des mesures fortes : un droit de souscription à des conditions privilégiées, quitte à provoquer les cris d'orfraie des investisseurs anglo-saxons ; un avantage fiscal, par une réduction de l'impôt sur les plus-values pour les souscripteurs ; un allègement d'impôts pour les entreprises émettrices. Dans une économie moderne, la discusion salariale doit échapper à l'Etat. Au lieu de donner, par une hausse du SMIC supérieure à celle des prix, un signe qui finit par se retourner contre l'emploi, il peut accompagner, par des mesures d'incitation, une dialectique salariale que la faiblesse syndicale rend atone. L'interventionnisme est archaïque, la cogestion impossible : à la puissance publique d'adapter son approche et de jouer l'incitation au lieu de la régulation. C'est un nouveau mode d'action qui s'impose à elle, plus souple et plus subtil.

L'actionnariat salarié répond aussi à une exigence, elle, microéconomique : l'absence d'actionnaires institutionnels français et de fonds de pension gérés de Paris. Se réjouir de l'évolution du capitalisme français et de sa découverte tardive de l'actionnaire n'oblige pas à souhaiter son alignement absolu sur les mœurs de Wall Street. La mondialisation ne rime pas, sur ce plan non plus, avec le seul modèle américain. Or si le système français ne fait pas naître de nouveaux actionnaires institutionnels, il deviendra un simple appendice de la Bourse américaine. Comme nous ne trouverons des investisseurs puissants ni du côté des compagnies d'assurances, ni de celui des holdings, ni à travers des mécanismes encore balbutiants de retraite par capitalisation, il ne reste que la voie des salariés. Ce n'est pas utopique : l'actionnariat salarié atteint déjà 5 à 7 % du capital dans nombre de sociétés privatisées et dans certains groupes comme Elf, il constitue de loin le premier actionnaire. Si, grâce à la batterie d'incitations à créer, il parvenait jusqu'à 10 %, cela colorerait différemment le jeu capitaliste, agrémentant d'une vision à plus long terme l'excitation, à courte vue, des fonds anglo-saxons. On peut même envisager de favoriser le regroupement, dans des « super fonds » d'épargne salariale, de l'actionnariat salarié de diverses sociétés, ce qui pourrait favoriser l'émergence de gestionnaires collectifs, moins dépendants de la hiérarchie directe des entreprises. Ceux-ci pourraient répondre à des conseils d'administration paritaires employeurs/syndicats, ce qui permettrait de donner un nouveau souffle à un paritarisme empêtré dans les difficultés de l'Etat-Providence.

Il ne s'agit pas de retrouver, par une ruse de l'Histoire, le chemin d'une illusoire autogestion, mais de profiter d'un concours de circonstances qui nous est propre, pour faire naître un actionnariat national de poids, tourné, comme les fonds américains, vers la rentabilité des capitaux investis, mais marqué au coin de la spécificité française. Que les puristes du capitalisme anglo-saxon se rassurent ! Même si la démarche se révélait fructueuse, ces « super fonds » pèseraient moins dans le capital des sociétés françaises que les investisseurs américains ; au moins apporteraient-ils un minimum de tempérament à une approche trop exclusivement marquée par les habitudes de Wall Street.

Il en va de ces fonds d'épargne salariaux, comme de la création de vraies fondations, grâce à des incitations fiscales telles qu'elles existent aux Etats-Unis, en Grande-Bretagne ou en Allemagne. Elles aussi peuvent accompagner le jeu capitaliste en servant de point d'ancrage. L'économie française posséderait l'équivalent, à son échelle, de la Rockfeller Foundation, de la Fondation Bertelsmann ou Bosch, elle ne s'en porterait que mieux. Entre le retrait de l'Etat le plus rapide possible du capital des sociétés publiques et la domination absolue des Templeton, Capital ou des institutions de retraite de la General Motors et des instituteurs de la Californie, une voie moyenne est possible, si nous savons comme d'autres l'ont fait, inventer de puissants outils d'intérêt général.

Le capitalisme a triomphé, mais il laisse place à des variantes nationales : même au Royaume-Uni il ne reproduit pas servilement les mœurs américaines ; si le « gouvernement d'entreprise » commence à s'instiller, à doses homéopathiques, en Allemagne, et à écorner le mythe du capitalisme rhénan, celui-ci gardera une forte identité. Que dire, de ce point de vue, du système hollandais, extraverti, tourné vers l'étranger et néanmoins doté de spécificités qui lui conservent une tonalité nationale plus marquée que chez nous ? Le risque, en France, est autre : la juxtaposition d'un secteur public qui, à force de tricher avec la mondialisation et la victoire du marché, se nécrose, drapé dans sa dignité étatique, et un secteur privé que l'inexistence d'actionnaires français pondéreux transforme progressivement en modèle réduit de Wall Street. Etonnante schizophrénie qui reproduit, dans le jeu des affaires, celle qui prévaut dans la société entière. L'alternative est pourtant plus subtile que la rivalité entre un Tout-Etat condamné à mort par la globalisation et un « Tout Wall Street » que la mollesse de nos institutions financières aide à installer.

Là comme ailleurs, des marges de jeu sont possibles. Elles supposent d'échapper aux antiennes traditionnelles. Combattre la mondialisation est illusoire ; vouloir la dompter avec les instruments d'autrefois, tous d'essence étatique, est contreproductif ; l'adopter, sous sa seule variante américaine, est naïf. Entre la révolte infantile et la soumission irréfléchie, l'espace est grand pour qui essaie d'innover.

*

* *

Jamais sans doute la métaphore éculée du « verre à moitié plein » n'a été aussi vraie. La France est tiraillée entre l'archaïsme et la modernité, entre le repli impossible et la mondialisation heureuse. Elle est à mi-chemin, mais le retour en arrière n'est pas exclu.

L'exemple du déclin argentin n'est pas un argument rhétorique. Il faut peu de dérapages pour qu'une économie s'enlise, et la Grande-Bretagne tonique d'aujourd'hui ne doit pas faire oublier celle qui, dans l'après-guerre, s'est fait dépasser par l'Allemagne, par la France — une demi-humiliation —, et par l'Italie — humiliation suprême. Que l'euro échoue et le ressort de l'efficacité et de la productivité se détendra plus rapidement chez nous que chez les autres : les habitudes de laisser-aller, le cercle vicieux relance artificielle, dérapage, dévaluation, la peur du conflit social ne sont pas loin, qui nous feraient rapidement plonger. Il existe, dans l'hypothèse de l'échec de l'euro, un scénario de l'apocalypse : une flambée des taux d'intérêt à long terme qui étranglerait l'économie française ; une pression politique telle, face à une Banque de France dont l'indépendance est indissociable du processus d'union économique, que celle-ci serait obligée de baisser artificiellement les taux à court terme ; un affolement gouvernemental qui conduirait à lâcher la bride au déficit budgétaire ; un relâchement de l'effort de productivité des entreprises qui tireraient fugitivement avantage de la dépréciation du franc ; et le retour, à terme, d'une rigueur accrue auprès de laquelle les efforts requis par la « désinflation compétitive » auront représenté une promenade de santé. Le *stop and go* macroéconomique avait suffi à assurer le déclin de l'économie britannique dans un environnement semi-ouvert où la régulation keynesienne était encore efficace. Dans un univers mondialisé, il condamne un pays à s'enfoncer aussi vite qu'une pierre dans un lac. Il ne faut plus trois décennies pour se marginaliser, mais cinq ans, et la résurrection suppose une thérapie d'une violence telle que le régime imposé à la Grande-Bretagne par Mme Thatcher ressemble, par comparaison, à une bleuette.

Mais sur l'échelle des risques, il en exise un, plus humiliant encore : l'euro réussit, mais la France ne serait pas capable de suivre le mouvement auquel nous astreindra l'appartenance à la zone de la monnaie unique. L'idée peut paraître surréaliste, puisque l'adhésion se veut irréversible. Mais que se passerait-il — la question vaut pour nous comme pour les autres membres — si un pays renonçait unilatéralement aux engagements du pacte de stabilité et se refusait à s'acquitter, dans ce cas, des amendes prévues ? Ou, autre hypothèse, s'il se lance dans une politique salariale hors normes, après un événement de l'ampleur de mai 1968 ? Ou encore si, incapable de demeurer dans la course à la productivité, condamné à une envolée du chômage et saisi de spasmes sociaux, il réclame de la Banque centrale européenne un abaissement du loyer de l'argent qu'elle lui refuse ? Une fois l'euro en circulation, le divorce, sauf cataclysme guerrier, est impossible.

Dans la période intérimaire, il demeure techniquement imaginable, sans même parler de l'hypothèse où l'euro se ferait le 1er janvier 1999 avec l'Espagne et sans la France ! L'idée du retrait semble farfelue, tant les forces de rappel, déjà puissantes, seront devenues irrésistibles. Mais nul ne peut définitivement l'exclure. Expulsé de la zone euro, un pays irait naturellement à la dérive. Sans crédit international, mis à l'index par les investisseurs, incapable de financer sa dette, condamné à l'enlisement, abandonné par ses élites, coupé de ses partenaires, oublié et méprisé : l'enfer... Cela signifie-t-il *a contrario* que l'euro mis en place, l'horreur de l'expulsion évitée pendant la période temporaire, le déclin ne nous menacerait plus ?

La monnaie unique est, nous le savons, un formidable accélérateur de changement ; elle représente, nous l'avons dit et redit, l'ultime avatar du réformisme à la française qui, depuis le traité de libre-échange de Napoléon III, oblige le pays à se transformer, avec pour seul aiguillon une contrainte internationale. Mais elle ne façonne pas, nous l'avons aussi découvert, un destin économique identique pour les Etats membres. Des tendances lourdes jouent vers davantage de marché, vers une fiscalité moins lourde, vers davantage de mobilité.

Demeurent néanmoins de considérables marges de jeu, naturellement plus larges qu'elles peuvent l'être entre les cinquante Etats américains ou entre les provinces canadiennes. Or Dieu sait si celles-ci sont déjà considérables. Un bon dosage en termes de politique macroéconomique et surtout de judicieuses réformes de structures : ce peut être, sur longue période, 1 % de croissance en plus ou en moins, par rapport à mes partenaires. Un équilibre différent entre niveau de redistribution et coût du travail : le chômage peut tomber à 7 % sur longue période ou monter à 15 %. Un réglage plus ou moins accentué au profit des services réglementés, des activités sous statut, des monopoles publics : le pouvoir d'achat collectif risque, là aussi sur longue période, d'être impacté d'au moins 1 % / par an.

De même que les Etats-Unis vivent la cohabitation de zones en déclin et de régions au firmament et qu'au sein de pays unitaires et centralisés, les écarts de niveau de vie peuvent être considérables, la zone euro couvrira des situations très différentes.

A la France de ne pas devenir, à l'échelle de l'Europe, ce que le Massif central a été pour elle, et qui plus est, sans le secours de transferts publics. Jamais les Etats membres n'accepteront une hausse du budget communautaire d'une ampleur suffisante pour établir, au niveau de l'Union, des transferts de solidarité équivalents à ceux qu'un Etat unitaire peut pratiquer. L'ajustement se fera donc par le pouvoir d'achat et par l'emploi, ou par un choix entre l'un et l'autre mais à niveaux décroissants. A l'intérieur de la zone euro, le fantasme argentin n'est pas de mise, c'est-à-dire le décrochage brutal et irréversible, mais l'anti-modèle britannique, en l'occurrence le lent enlisement des années soixante est, lui, envisageable.

Les réflexes sont connus qui, à terme, conduisent à faire plus mal que les autres ; les recettes pour faire mieux aussi. Les premières, qui portent les germes du déclin, ont pour nom sous la droite le social-corporatisme, sous la gauche la social-démocratie keynesienne. Les secondes se rangent, elles, sous la bannière du libéralisme, mais avec contrairement à une mythologie si française, une alternative de droite ou de gauche. Social-corporatisme ou libéralisme de droite ; social-démocratie keynesienne ou libéralisme de gauche : à chaque famille d'esprit de mener sa révolution. Dans les prochaines années, le jeu idéologique va s'identifier à une partie de quatre coins. Social-corporatisme contre social-démocratie keynesienne : le déclin est fatal. Social-corporatisme contre libéralisme de gauche : l'intérêt général passe par la victoire de la gauche. Libéralisme de droite contre social-démocratie keynésienne : l'avenir appartient au premier. Libéralisme de droite contre libéralisme de gauche : le rêve...

Chapitre 8

Lettre ouverte au Premier ministre

Monsieur le Premier ministre,

Vous me pardonnerez mais j'imaginais, préparant ce livre, le terminer par une lettre ouverte à un Premier ministre pour l'exhorter à troquer le social-corporatisme, si familier à la droite française, pour un libéralisme de droite, que notre culture politique n'a adopté que par foucades. L'inattendu ayant triomphé, c'est donc un Premier ministre de gauche que je supplierai d'abandonner la social-démocratie keynésienne au profit du libéralisme de gauche. Ce n'est pas, quoique vous puissiez en penser, un défi si différent. Vous êtes tous, en effet, votre prédécesseur hier, vous aujourd'hui, votre successeur après une nouvelle alternance demain, en face d'une même exigence : la mondialisation n'impose pas une « pensée unique », suivant le pont aux ânes, cher au président Chirac ; elle dessine une réalité unique à partir de laquelle des politiques contraires, l'une ancrée à droite, l'autre à gauche, sont possibles, mais l'une et l'autre d'essence libérale.

Ce n'est pas pour vous, j'en conviens, une métamorphose facile. Votre parti se voulait encore socialiste, lorsque la plupart de ses *alter ego* étrangers étaient devenus sociaux-démocrates. Ce n'est certes pas la même musique idéologique qui accompagnait en 1971 le congrès d'Epinay, et en 1959, en Allemagne, celui de Bad Godesberg... Le premier s'inscrivait dans la droite ligne marxiste, la démocratie en prime, et le second répudiait, lui, le marxisme. Vous voilà, une génération plus tard, à votre tour sociaux-démocrates. Le mot apparaît encore obscène à certains de vos camarades, mais ils semblent être devenus les ultimes zélotes d'un socialisme révolu. Vous-même, la plupart de vos collègues du gouvernement, vos opposants historiques dans le parti, arrivez, sans trop de contorsions, à vous reconnaître dans ce vocable, si longtemps honni de sociaux-démocrates. Mais, pendant que vous tous faisiez — lentement, vous en conviendrez — mouvement, vos camarades étrangers continuaient, eux aussi, à se transformer : les voilà devenus libéraux de gauche, quand vous vous êtes installés dans la social démocratie. Au manège de l'idéologie, vous vous retrouvez à nouveau avec un tour de retard.

Puisque mondialisation il y a, elle s'applique aussi aux idées ; moins brutalement que pour les produits ou les taux d'intérêt, mais à long terme, d'une manière aussi irréversible. Pourquoi, dès lors, ne pas soumettre les idéologies au tamis du *bench marking*, ce *nec plus ultra* de la compétition économique, c'est-à-dire l'inlassable comparaison des conditions de concurrence entre entreprises ? Ce *bench marking* idéologique ne vous est pas très favorable. Je vous imagine, cher monsieur le Premier ministre, tel que vous êtes, choqué par le procédé : la démarche heurte en vous l'intellectuel qui ne veut faire abstraction ni des histoires, ni des cultures, ni des trajectoires.

Elle a néanmoins, par sa superficialité délibérée, une valeur démonstrative. « Ne me parlez pas, vous aussi, de Tony Blair », devez-vous penser avec colère : le « blairisme » est une branche cadette du thatchérisme, et les conditions de pression et de température étant, comme disent les physiciens, différentes, la comparaison ne vaut pas. « Objection, Votre Honneur », difficilement recevable : la violence de la cure thatchérienne aurait dû provoquer, suivant les lois classiques de la chimie politique, un précipité inverse, c'est-à-dire le retour d'un socialisme doctrinaire, féru de hausses d'impôts, de nationalisations et d'augmentations de salaires. Le parti travailliste s'y est trois fois essayé pour son malheur ; lors de la quatrième élection, il a préféré tenir pour définitif le choix des classes moyennes en faveur du libéralisme et s'est contenté de l'agrémenter de quelques ingrédients sociaux et éducatifs. Mais loin de moi l'idée de vous présenter le « blairisme » comme la manifestation, en action, du libéralisme de gauche dont nous devons escompter l'avènement en Europe continentale.

Il existe, nous n'avons cessé de le mesurer, deux environnements économiques et sociaux, l'un anglo-américain, l'autre continental, et donc deux libéralismes de droite et deux libéralismes de gauche. M. Kohl et M. Aznar ne seront jamais les émules de Reagan et de Thatcher, ni les libéraux de gauche continentaux ceux de Clinton ou de Blair. Les *new democrats* du président américain et le *new labour* britannique représentent le point ultime du libéralisme de gauche, avec des prélèvements fiscaux qui demeureront toujours particulièrement faibles, un niveau de redistribution modeste, des inégalités majeures et l'acceptation implicite d'une population en voie de marginalisation, en contrepartie d'un tonus entrepreneurial puissant et d'une dynamique de croissance qui peut leur maintenir un avantage annuel de 0,5 ou 1 % sur leurs partenaires. Le brin de moralisme « communautariste » qui accompagne les partis démocrate et travailliste ne sied pas à notre culture mi-catholique, mi-laïque ; ce n'est pas, avec un tel alibi intellectuel, bien pauvre idéologiquement, que vous pourriez imposer un *aggiornamento* à vos troupes.

De ce point de vue, l'exemple italien est plus utile. N'est-ce pas Massimo d'Alema, le chef du PDS, c'est-à-dire de l'ancien parti communiste, qui se proclame libéral de gauche et théorise sa mutation idéologique avec le savoir-faire conceptuel que confèrent trente ans de maniement intelligent du marxisme ? Lui ne biaise ni avec les exigences de la mondialisation, ni avec la réalité. Marxiste, il considère que les « infrastructures économiques » demeurent prédominantes et donc que la globalisation distille ses exigences de rigueur macroéconomique et de compétitivité. Réformiste, il assume les mutations nécessaires, avec la volonté de maintenir un niveau de solidarité et de redistribution compatible avec un tel environnement. Européen, il voit, de ce point de vue, dans la monnaie unique la meilleure défense pour un modèle qui veut mêler de façon indissociable compétition et protection, efficacité et solidarité. Libertaire, comme peut l'être un Italien, il préconise une politique incroyablement ouverte, par exemple, en matière d'immigration et de droits individuels. Vu à l'aune du PDS de d'Alema, le libéralisme de gauche est libéral-libertaire, ce qui lui permet de recueillir dans son pays, au nom du libéralisme, le soutien de la grande bourgeoisie éclairée, et au titre des réflexes libertaires, celui des acteurs les plus dynamiques de la société civile. L'utilisation de Maastricht comme un instrument de modernisation accélérée de l'Italie par la grâce d'un ancien parti communiste, ayant placé son sens de l'organisation au service du libéralisme de gauche : voilà pour les esthètes de la politique une belle martingale !

Cette mue voulue par de vrais marxistes suffira-t-elle à convaincre votre aile gauche, ces « petits bourgeois léninistes », comme les appelait, dit-on, François Mitterrand ? On peut en douter. Puisque certains de vos camarades mettront le libéralisme de gauche du PDS sur le compte de sa spécificité italienne, c'est-à-dire, aux yeux des Français, de la légèreté transalpine, pourquoi ne pas leur donner l'exemple du Portugal ? Exemple, notons-le au passage, d'une cohabitation réussie, pendant dix ans, entre un président de gauche, élu au suffrage universel et un gouvernement de droite, l'un et l'autre réunis par la même ambition d'ancrer leur pays dans l'Union européenne et de le faire monter, orgueil suprême, dans le premier train de l'euro. Mais aujourd'hui les socialistes portugais seuls au pouvoir, puisqu'ils détiennent la présidence de la République et celle du gouvernement, que font-ils ? Freinent-ils le mouvement de libéralisation ? Bien au contraire, dégagés des quelques oripeaux corporatistes qui encombraient la droite, ils accélèrent. Ils viennent de mettre en bourse Electricité du Portugal, ont privatisé 100 % du capital de Telecoms Portugal, vendent les derniers actifs en possession de l'Etat, se font une gloire d'atteindre, sans impôts nouveaux, les 3 % de déficit public et se gardent d'étouffer les entrepreneurs, sous les prélèvements fiscaux. Côté économie, ils sont donc d'un libéralisme auprès duquel les idées d'Alain Madelin paraissent bien interventionnistes. Côté social, ils essaient de diriger les moyens de l'Etat-Providence vers les plus nécessiteux, fût-ce aux dépens de la classe moyenne. Côté société civile enfin, ils se veulent raisonnablement libertaires : moins que les Italiens, mais davantage que votre gouvernement.

Quant à vos amis espagnols, la cure d'opposition qu'ils viennent d'entamer après quatorze ans de pouvoir ne les a pas conduits à retrouver le goût des divagations économiques, comme ce fut le cas pour votre parti. Macroéconomiquement vertueux au gouvernement, ils le sont restés sur les bancs de l'opposition. Sans doute Felipe Gonzales se déclare-t-il encore social-démocrate, mais chacun sait qu'il sacrifie, de la sorte, à un rite afin de ne pas blesser les syndicats, et que son idéologie et sa pratique en ont fait le plus ancien des libéraux de gauche.

Même les vieilles social-démocraties septentrionales cèdent, les unes en le proclamant, les autres *mezza voce*, au libéralisme de gauche : les Pays-Bas devenus, nous le savons, un modèle ; le Danemark qui s'en rapproche, et même la Mecque de la social-démocratie, la Suède, qui voit les sociaux-démocrates revenir sur une fiscalité confiscatrice, recentrer l'Etat-Providence sur ses missions fondatrices et imposer, par la concertation, la flexibilité du marché du travail.

Face à cette lame de fond, le SPD allemand ferait presque figure, aux côtés de votre parti, de dernier des Mohicans. Lui aussi ronchonne aux idées de flexibilité et de mobilité. De même partage-t-il avec vous un certain fonds de culture keynesienne, même si ses représentants au sein de la Bundesbank pratiquent sans état d'âme le monétarisme le plus classique. Mais quand il parle de réduction de la durée du travail, à l'instar des syndicalistes allemands, le SPD tient pour acquise une baisse parallèle des salaires. De même ne s'encombre-t-il pas de débats philosophiques sur la propriété du capital : ayant vécu, de longue date, avec des entreprises électriques privées, il accepte sans difficulté l'idée d'une Bundesbahn ou d'une Bundespost privées. La social-démocratie allemande se situe, en réalité, à mi-distance entre le PDS italien et le parti socialiste français : ses quinze ans d'opposition ne l'ont conduit ni à l'irréalisme, ni à satisfaire de pures pulsions idéologiques. Dans ces conditions, une fois de retour au pouvoir, elle se mettra aisément en mouvement vers davantage de libéralisme. Arrêtons là ce tour d'Europe : sans doute, l'exemple des partis socialistes d'Europe de l'Est, anciens partis staliniens ayant viré au libéralisme thatchérien, serait-il, à vos yeux, contreproductif.

Les hommes politiques français de gauche comme de droite fréquentent trop le TGV et pas assez l'avion : à force de labourer l'hexagone, ils ignorent pour la plupart le monde. L'explosion de l'Asie leur est aussi familière que la planète Mars, l'essor de l'Amérique du Sud que Jupiter et même la réussite américaine que la lune ! Nos voisins européens finissent par leur être étrangers. Si tel n'était pas le cas, votre parti aurait-il pu rédiger un programme économique rythmé par les 35 heures payées 39, les vertus éternelles du « service public à la française », la relance par les salaires, le rétablissement de l'autorisation administrative de licenciement, et maintes autres manifestations de ce que Alain Touraine appelle le « vieil Etat monopoliste et corporatiste », sans s'interroger sur les réactions des partis frères, membres de l'Internationale socialiste ? S'il s'était livré à cet exercice, acceptant de la sorte de se jauger dans le regard d'autrui, le parti socialiste aurait été obligé de passer par pertes et profits un tel bréviaire ! Nous ne sommes ni allemands, ni italiens, ni portugais, me rétorquerez-vous : notre culture politique, notre histoire, nos cheminements idéologiques nous prédéterminent. Qui peut le nier ? Mais ils n'auront pas éternellement raison contre le monde entier.

S'ajoute une équation politique française particulière. La droite libérale n'a jamais, sauf par exception, gouverné la France ; la filiation bonapartiste puis gaulliste a occupé, avec des idées dont certaines fleuraient la vieille gauche, une partie de l'espace politique de droite ; quant à la démocratie chrétienne elle s'est toujours voulue au centre, à la différence de ses congénères étrangers. La droite n'a donc cessé de déserter son camp et cette situation bizarre a atteint son point d'orgue avec l'élection de Jacques Chirac. Le parti conservateur a en effet élu, par un incroyable tour de bonneteau, un radical socialiste qui, une fois au pouvoir, n'a pas cherché à forcer sa nature et à se rapprocher de ses mandants. Il est — c'est d'une certaine façon son mérite — demeuré lui-même...

Mais la droite étant, de la sorte, déportée vers le centre, voire vers le centre gauche, l'échiquier est bouleversé. Un espace béant est naturellement ouvert sur le flanc droit, formidable vase d'expansion que pourrait remplir l'extrême droite. Si, au lieu de susciter des anticorps, compte tenu de la violence « xénophobe, raciste et antisémite » de Jean-Marie Le Pen — suivant le mot d'Alain Juppé auquel on ne rendra sur ce point jamais assez hommage —, elle s'attachait à gommer les différences, comme l'a fait en Italie son *alter ego* extrémiste qui a troqué la défroque fasciste du MSI pour les habits bourgeois de l'Alliance nationale, elle aurait devant elle le champ libre. Cette réalité est votre problème, comme celui de tout citoyen, mais elle ne vous interpelle pas dans votre position de leader socialiste. Le glissement vers la gauche du camp conservateur vous repousse en revanche vous-même encore plus loin. Vous avez même du mérite — pourriez-vous prétendre en guise de boutade — à ne pas retourner de la social-démocratie vers le socialisme ! Cet engrenage n'est pas une fatalité. Vos camarades italiens, portugais et nordiques se sont recentrés, sans avoir en face d'eux une droite thatchérienne qui leur libérait un espace. C'est affaire de conviction et de volonté. Au-delà du jeu politique et du positionnement des acteurs les uns par rapport aux autres, la réalité tranche : avec la mondialisation, l'avenir est au libéralisme, version droite ou version gauche.

Permettez-moi, monsieur le Premier ministre, si vous n'avez pas eu le temps de me lire avec soin, de vous rappeler les lignes de force que la globalisation nous impose, comme à tout autre pays. La victoire du marché est irréversible et les secteurs qui lui résistent finiront par se soumettre ; la concurrence pénétrera progressivement l'ensemble des services publics, et même certaines activités administratives. Les privatisations sont donc inscrites dans les astres : le seul débat, du moins pour les monopoles publics, est de savoir si elles ont lieu sans contrepoids, ou si au nom de la qualité du service et de la protection du consommateur, les entreprises privatisées sont soumises à la vigilance d'un organisme de contrôle. Posez-vous sérieusement une question iconoclaste : qui est le mieux protégé de l'usager d'EDF dont les tarifs sont décidés souverainement par l'entreprise, seul maître du partage des gains de productivité entre ses clients et elle, ou du consommateur belge, alimenté en courant par une société privée, mais dont la tarification est soumise à un contrôle public de manière à ce qu'elle ne s'offre aucun surprofit ? Dès lors que le mouvement de privatisation fait corps avec la mondialisation, quel intérêt de le freiner, au risque de voir des entreprises publiques françaises perdre, à cause de leur statut, le leadership mondial qu'avec un capital privé elles pourraient espérer conserver ?

Autre ligne de force, qui naît autant de la globalisation que de l'évolution psychologique de la société :

l'apparition d'un plafond, de fait, aux prélèvements fiscaux et sociaux, la perspective de leur lente décrue et le développement d'impôts à base la plus large possible et à taux faibles. Mais rassurez-vous : nous ne sommes pas menacés d'un alignement rapide sur le niveau de prélèvement coréen, japonais, voire américain ! Entre les 56 % du produit intérieur qui transitent chez nous, par le système public et qui mettront plusieurs années à revenir vers les 50 % et les 35 % américains, l'écart n'est pas de degré ; il est de nature. A travers les 15 % à 20 % de différence, ce sont des modèles alternatifs de société qui se mettent en place. Quand nous entendons certains de vos camarades prétendre qu'à 50 % de redistribution, le « libéralisme sauvage » — ce fantasme de la pensée militante — a triomphé, l'envie est grande de crier « Aux fous » ! Une tendance, une direction s'imposent en matière fiscale ; elles ne violentent pas, sur courte période, les gouvernements.

Ligne de force, aussi, dans un univers mondialisé : l'orthodoxie dans la gestion macroéconomique. Orthodoxie est d'ailleurs un mot abusif pour des économies qui se croient vertueuses en tendant vers 3 % de déficit public, alors que l'ampleur des dettes d'Etat et le déséquilibre démographique exigeraient rationnellement de dégager un excédent substantiel ! Mais une telle demi-orthodoxie est une exigence, sous peine de voir les taux d'intérêt à moyen et long termes s'envoler et passer un licol à notre économie. L'état des finances publiques est le premier visé, mais aussi l'évolution des salaires et des revenus, le niveau comparatif des coûts de production ou l'équilibre de la balance des paiements. Un maître d'école, le marché des capitaux, nous surveille qui, d'un coup de règle ajusté, une hausse des taux, n'hésite pas à nous punir.

Ligne de force, enfin, pour le marché du travail, avec une lente réduction des emplois sous statut public, une plus grande flexibilité des procédures, une diversité grandissante des types d'activités, une souplesse croissante et parallèle du temps de travail et des rémunérations. Là non plus, le modèle américain n'est pas le point W, cher à Teilhard de Chardin, celui vers lequel on tend sans avoir la moindre chance de l'atteindre. Il existe deux voies, nous le savons, pour résorber le chômage, l'une d'esprit anglo-américain, l'autre de type hollandais ou danois, la première libérale de droite, la seconde libérale de gauche.

De ces lignes de force, vous n'avez aucune chance de vous abstraire. Je vous ai entendu, comme d'autres, un jour vous exclamer : « Si le marché gouverne tout, il n'y a plus de métier politique et je ne mangerai pas de ce pain-là ! » J'espère que cette sympathique foucade ne vous engage pas. Le marché s'imposera, certes sans tout gouverner, mais il laisse aux politiques un espace d'action considérable, à condition que ceux-ci ne se trompent ni d'enjeux, ni de parties. Mais profiter des marges de liberté qui nous sont offertes exige d'abord de renoncer à nos illusions traditionnelles vis-à-vis de la mondialisation. Arrêtez, comme la plupart des hommes politiques de gauche et de droite, de faire rimer mondialisation avec les seuls mots de contraintes, exigences, obligations, difficultés ou violences ! Je ne vous ai jamais entendu, ni d'ailleurs le président de la République, ni aucun leader national, dire à nos concitoyens : « La mondialisation est synonyme de la réalité ; elle offre davantage de chances que d'inconvénients ; elle est notre avenir ; elle peut être heureuse. Mais à certaines conditions... » Finissez-en avec ce masochisme, cette inquiétude, ce pessimisme qui, venant des augures publics, ne peuvent qu'accentuer la dépression nerveuse collective dont notre pays semble victime. Quand l'un d'entre vous parmi les hommes politiques, osera-t-il nous dire, comme le pape autrefois à ses compatriotes polonais : « N'ayez pas peur » ? Encore faudrait-il que vous-mêmes n'ayez pas peur. Vous le proclamerez, les uns et les autres, quand vous aurez enfin compris la manière dont le jeu s'organise, le choix qui s'offre à vous et l'existence d'alternatives politiques. Celles-ci ne sont pas plus restreintes qu'autrefois ; elles sont simplement différentes.

Regardons-les ensemble. Le libéralisme de droite et celui de gauche sont aussi éloignés l'un de l'autre que le premier l'est du social-corporatisme et le second de la social-démocratie keynesienne. Le degré de solidarité ? Maastricht fixe une limite au déficit, non au montant des dépenses publiques, quoique la mondialisation impose, elle, une réduction des prélèvements. Mais avec 35 % de recettes et 38 % de dépenses dans un scénario, 48 % et par exemple 51 % dans l'autre, ce sont deux modèles sociaux qui se mettent en place, l'un qui accepte de fortes inégalités au nom du dynamisme, et le second qui essaie de les tempérer au maximum. Et encore le choix ne se limite-t-il pas au montant de la redistribution. A 50 % de dépenses collectives, deux voies sont ouvertes : un Etat-Providence à l'ancienne bâti sur le principe égalitaire et qui fonctionne, de façon opaque, au profit de la classe moyenne ; un Welfare State nouvelle manière, influencé par le primat de l'équité, et qui se concentre, en priorité, sur la protection des populations en voie de marginalisation : vous touchez-là une des différences cardinales entre la social-démocratie et le libéralisme de gauche. Dans un univers mondialisé, vous pouvez choisir une société soit à l'américaine, soit à la danoise, à la hollandaise, ou à l'allemande, car une fois le coût de l'unification absorbé par la République fédérale, son économie sociale de marché redeviendra une référence incontestable.

Le retour au plein emploi ? Les deux libéralismes s'en donnent les moyens. Pour celui de droite, la démarche passe par l'absence de salaire minimum, l'abaissement du coût du travail à un niveau en ligne avec la productivité de chacun, la liberté d'embaucher et de licencier, un faible système de redistribution, et donc de modestes cotisations sociales, des prestations de chômage suffisamment modiques pour éviter toute « désincitation vis-à-vis du travail ». Pour les libéraux de gauche s'imposent certaines mesures, taboues certes aux yeux de leurs ancêtres, eux sociaux-démocrates : des salaires contenus afin de laisser les gains de productivité servir la création d'emplois ; un salaire minimum dont l'augmentation se limite à la répercussion de la hausse des prix ; un SMIC jeunes ; des allocations chômage dont les bénéficiaires sont soumis à un minimum de contreparties ; toutes dispositions, si iconoclastes soient-elles, qui demeurent à mille lieues du « laisser-faire laisser-passer » des libéraux de droite. S'y ajoute une nouvelle manière d'inscrire l'impératif de solidarité.

Face à la même exigence, l'abaissement du coût du travail non qualifié, deux cheminements sont possibles : l'un fondé sur la disparition du salaire minimum et l'obligation faite au salarié de payer, par une moindre rémunération, le prix de son entrée sur le marché du travail ; l'autre assis sur la conviction qu'une fois ses principales perversités économiques gommées, le salaire minimum est un droit imprescriptible et que l'effort doit porter sur une diminution des charges sociales, financée par un prélèvement de solidarité ou par le transfert d'autres ressources consacrées à l'Etat-Providence. Le point d'arrivée est le même : rendre compatibles, en économie de marché, le coût du travail non qualifié et sa productivité, ce qui constitue le seul moyen de créer en masse des emplois à la portée des chômeurs les plus malheureux. Mais la méthode diffère dans son essence ; elle correspond à des visions antinomiques du contrat social.

La réforme de l'Etat-Providence ? Là aussi, indépendamment du débat sur le montant du produit national à consacrer à la redistribution, deux conceptions libérales s'affrontent. L'une souhaite un Welfare State calculé *a minima*, en mesure de panser les plaies sociales les plus purulentes, au nom du maintien de l'ordre, le reste des dépenses de santé et de retraites étant transféré au marché. L'autre part d'un diagnostic simple : la contraction, économiquement nécessaire, de l'Etat-Providence est source d'inégalités insupportables si elle se fait suivant des mécanismes égalitaires ; le plafonnement des dépenses doit donc aller de pair avec leur réallocation, à travers des mesures d'équité ou, suivant la terminologie américaine, des « discriminations positives » au profit des plus démunis. Votre réforme des allocations familiales va naturellement dans ce sens. Annoncerait-elle, de votre part, le début d'un *aggiornamento* avec, ensuite, une réforme du remboursement de la médecine de ville, une différenciation des droits d'inscription à l'université en fonction des ressources des familles et autres révolutions marquées au coin de l'équité ?

Le fonctionnement de la concurrence économique et du marché ? Les libéraux de droite authentiques ont toujours été des défenseurs des dispositifs anti-concentrations ; ils ne ressemblent pas à ces conservateurs français adeptes du marché aussi longtemps qu'il fabrique à leur profit des rentes, mais peu à l'aise dans une compétition juste et arbitrée. Mais pour un libéral de droite, les activités économiques se ressemblent toutes ; elles exigent d'être soumises aux mêmes lois anti-trusts, la production audiovisuelle comme l'industrie des petits pois, l'édition comme l'hôtellerie.

Pour son *alter ego* de gauche, certaines activités méritent une vigilance accrue, telles la télévision, le cinéma et l'ensemble des industries culturelles. Lui pourfend encore plus sévèrement que son jumeau, libéral de droite, les concentrations verticales ou horizontales et les liens avec les entreprises vivant de commandes publiques ; il cherche de surcroît à contrebalancer le poids naturel de l'actionnariat, par une représentation, dans les journaux, dévolue aux sociétés de rédacteurs. Les évolutions de la législation américaine, dans le domaine de la communication, portent la trace des périodes libérales de droite ou de gauche, non par l'intensité des réglementations — les démocrates ne sont pas plus interventionnistes, en ces matières, que les républicains — mais par l'arrière-plan idéologique qui les sous-tend. De manière générale, un libéral de gauche est étrangement plus respectueux de la libre compétition que son homologue de droite, car il est plus rétif à l'apparition de monopoles ou d'oligopoles privés ; le marché devient, pour lui, le meilleur moyen de dissoudre les excès du pouvoir économique et les positions de force. Vous êtes, à l'évidence, sensible à l'enjeu mais saurez-vous, à rebours de votre mode de pensée originel, voir dans le marché votre meilleur allié face à des acteurs tentés par l'abus de position dominante ?

La pérennité des systèmes de retraite ? Tout observateur lucide sait que les mécanismes de répartition ont trouvé leur limite, et qu'à vouloir leur laisser le monopole des retraites, le choix se limite à la réduction drastique des pensions ou à une hausse du prélèvement, de nature à étouffer la dynamique de croissance. Le développement des fonds de pension relève donc de l'urgence et la vraie inquiétude porte sur leur rythme de montée en puissance. Mais que de divergences possibles sur leur mode de gestion ! Pour un libéral de droite, que le libre jeu de la concurrence accouche des meilleurs produits ! Le rôle de l'Etat doit se limiter à l'édiction de ratios prudentiels à des fins de bonne gestion et à leur contrôle. Pour un libéral de gauche, c'est dans ce domaine d'avenir que doit se transporter le principe de la cogestion, au lieu de se perpétuer à tort dans certains régimes sociaux traditionnels. Lui préconisera des modes de fonctionnement plus ou moins contraignants qui associent à parité les syndicats et le patronat dans la définition des principes de gestion des fonds. Héritier de la tradition social-démocrate, il veut l'adapter aux enjeux contemporains. Voilà, pour un gouvernement de gauche un beau sujet ! La défense, becs et ongles, des seuls systèmes de répartition risque, au contraire, de vous conduire dans une impasse ; des mécanismes de capitalisation se développeront, fût-ce à votre corps défendant, mais si vous vous trompez d'enjeu, ce sera au seul profit des classes aisées et à l'initiative exclusive des acteurs financiers, sans que les syndicats y jouent le moindre rôle.

L'évolution de l'actionnariat des entreprises ? Le défenseur du secteur public qui sommeille en vous risque de répondre : « Je ne m'occupe pas du privé. A lui de se débrouiller. » Ainsi, par un étrange paradoxe, un gouvernement issu d'une tradition plutôt favorable aux entreprises publiques se retrouvera-t-il adepte du « laisser-faire, laisser-aller », comme le moindre libéral de droite, à l'égard des sociétés cotées. Libéral de gauche, vous agiriez de manière différente. D'une main, vous privatiseriez avec entrain et non, comme vous risquez de le faire de temps à autre, contraint et penaud. De l'autre, vous multiplieriez les mécanismes et les incitations, afin de développer l'actionnariat salarié et d'en faire, face aux fonds anglo-saxons, le point d'ancrage du capital de nos plus belles entreprises. Vous penseriez, si le libéralisme de gauche s'était soudainement emparé de vous, comme la foi, de Claudel à Notre-Dame, que mieux vaut une économie française avec France Telecom et EDF, à 100 % privés, mais avec, dans toutes nos grandes entreprises, les salariés collectivement actionnaires, à 5, 10 ou 15 %. Puisque le mouvement de privatisation est inscrit dans les gènes de la mondialisation, au lieu de le vivre de façon défensive, retournez-le au profit du monde salarial ! Un libéral de gauche est au moins autant le mandant des salariés qu'un social-démocrate, mais il vit ce mandat en phase avec son temps.

La place relative du secteur protégé et du secteur non protégé ? La mondialisation pousse, nous le savons tous, au développement des activités marchandes, de sorte que la sphère publique se trouve naturellement sur la défensive. S'ajoute à cette tendance lourde une spécificité française. Alors que, partout dans le monde, la situation moyenne des fonctionnaires est moins bonne que celle des salariés privés, le poids des corporatismes et le culte de la fonction publique ont abouti, en France, à la situation inverse : outre cet avantage suprême que représente désormais l'emploi à vie, les fonctionnaires sont mieux payés, bénéficient de meilleures retraites et se retirent plus tôt. Indépendamment des effets macroéconomiques qu'engendre le « surpoids » du système étatique, cette situation n'est, vous en conviendrez, ni saine, ni juste. Il est certes difficile pour un social-démocrate français d'y apporter remède, puisque ses liens syndicaux privilégiés se nouent avec les organisations de fonctionnaires, et non comme en Allemagne ou en Grande-Bretagne, avec les syndicats ouvriers. Mais nécessité fera loi et sous peine de tensions un jour violentes entre salariés protégés et non protégés, un rééquilibre s'imposera.

La réforme de l'Etat ? Le libéral de droite est l'apôtre de la méthode thatchérienne, avec remise en cause du statut, transfert brutal d'effectifs sous le régime des conventions collectives, création d'agences spécialisées qui se substituent à des pans entiers de l'administration. Même si, dans le secret de son âme, le libéral de gauche partage, sur ce sujet-là, la même vision, il est plus économe des moyens. Développement des embauches sous contrat de droit privé ; préservation des acquis du statut pour les fonctionnaires en place mais recrutement des nouveaux suivant des procédures plus proches du droit commun ; acceptation du mérite comme critère de jugement ; multiplication des passerelles avec le secteur privé ; césure progressive entre le domaine régalien d'intervention et les innombrables autres secteurs où la présence de l'Etat est davantage le produit d'une situation que d'une fatalité... Autant de gestes qui participent d'une stratégie de longue haleine. Si vous ne vous y engagez pas, au nom de la vieille révérence de la gauche à l'égard de la fonction publique, vous aurez, sans le vouloir, condamné cette dernière. C'est la paupérisation de l'Etat qui deviendra le seul levier de changement avec, en ligne de mire, des fonctionnaires frustrés, une administration nécrosée et des usagers en révolte. Les pesanteurs social-démocrates vous poussent, en la matière, à ne rien faire ; le libéralisme de gauche vous obligerait à l'audace. Les premières condamnent l'Etat à la médiocrité, au nom des grands principes et de la préservation de l'héritage républicain ; le second peut, au prix d'un parcours délicat, en sauver l'essentiel. Où se trouve le courage, monsieur le Premier ministre, pour un homme de devoir ?

La vie d'une société, allez-vous murmurer avec énervement, ne s'arrête pas à la sphère économique et vous n'avez, pensez-vous, en termes de mœurs et de morale collective, aucune leçon à recevoir de quiconque. Et là vous avez raison. Un libéral de droite est libéral en économie et conservateur vis-à-vis de la société. Un libéral de gauche est, lui, « libéral libertaire » : libéral, lui aussi, en économie et libertaire dans les affaires de société. Vous êtes, vous, un hybride différent : un social-démocrate libertaire. Qu'il s'agisse d'attitude vis-à-vis de l'immigration, de la citoyenneté, de droits individuels face à la justice, d'indépendance des pouvoirs, un air libertaire marque votre discours et votre action. Ce n'est pas une attitude si naturelle à gauche : combien de sociaux-démocrates vous ont précédé, eux, conservateurs en matière de société ! Les uns ambigus sur l'immigration, les autres rétifs à l'idée d'une extension des droits individuels, certains peu motivés par la perspective d'une justice indépendante, quelques-uns guère enthousiastes devant le cheminement qui conduit enfin à instaurer un *habeas corpus* : la gauche sait, elle aussi, se montrer conservatrice dès qu'il s'agit de mœurs et de vie sociale, et elle en a apporté maintes preuves, à l'époque du mitterrandisme triomphant. De ce point de vue, de réticence en « droit d'inventaire », vous avez su moderniser votre camp.

Une touche libertaire correspond, j'en suis convaincu, aux exigences de l'époque. La montée de l'individualisme, l'autonomie plus grande de chacun, l'apparition de micro-communautés, la quête d'une morale collective, l'acceptation tacite de la liberté d'autrui : la société n'a pas attendu la puissance publique pour poursuivre sa mutation. Aux politiques de l'accompagner en mettant les lois et la pratique du pouvoir au diapason. Nul ne peut nier votre capacité et votre volonté de jouer cette partie-là. Vous êtes moderne vis-à-vis de la société. Pourquoi diable vous acharnez-vous à être archaïque à l'égard de l'économie ?

Archaïque, permettez-moi de le répéter, et donc contreproductif sur le plan de l'efficacité économique. Au moment où tous les partis de gauche virent, avec plus ou moins d'audace, vers le libéralisme de gauche, votre famille politique nous a, en effet, livré, las des dernières élections législatives, un brouet qui fleure bon son « Epinay ». Les nationalisations en moins, pourrez-vous arguer. C'est exact mais mesurez-vous qu'au moment où tous vos camarades socialistes ne rêvent que d'accélérer, chez eux, les privatisations, vous en êtes encore à concéder à la réalité l'ouverture, au compte-gouttes, du capital de certaines entreprises publiques ? Le quart de siècle de retard que vous avez en ce domaine coûtera cher à l'économie française. Pour le reste, vous êtes fidèle, au vocabulaire près, à la ligne keynesienne et étatiste de 1971. La relance de la demande règne, à travers l'idée surréaliste des 35 heures payées 39, l'augmentation du SMIC, l'accroissement de certaines prestations sociales, sans que jamais vos camarades de parti ne s'interrogent sur la pertinence d'une telle approche en économie mondialisée. Ce n'est pas le retour du socialisme dans un seul pays que vous nous avez promis, mais celui du keynesianisme.

Conscient de l'impossibilité de mener une telle politique dans les frontières de l'hexagone, certains de vos amis prétendent entraîner nos partenaires européens sur leurs positions. Savent-ils qu'avec de telles fadaises ils font rire en privé tous les socialistes d'Europe, y compris les Grecs ! Je passe, par pertes et profits, le mythe des 700 000 emplois, l'illusion que vous avez de convaincre les patrons, avec les signes que vous envoyez, d'embaucher 350 000 jeunes, l'artifice politique de bourrer les administrations de 350 000 nouvelles recrues. J'oublie le geste, qui augure mal de la suite, et que représente le recrutement, à l'initiative de l'Etat, de 2 000 personnes à la SNCF : en 1981, la gauche embauchait des mineurs au moment où les charbonnages fermaient ; en 1997, elle recrute des cheminots, quand la SNCF est devenue, vingt ans plus tard, l'équivalent des houillères en voie d'extinction. Je laisse de côté votre décision de ne plus réduire les effectifs de la fonction publique, à peine écornés par votre prédécesseur, et qui s'étaient auparavant envolés lorsque, partout ailleurs, ils diminuaient de façon drastique. Pourquoi vous faire la grâce de tenir pour négligeables des décisions aussi absurdes ? Parce que je veux encore espérer qu'elles constituent un ultime prix à payer à un programme électoral dont votre parti nous a gratifiés, convaincu qu'il était destiné à recueillir des voix et non à gouverner. Si, en revanche, cette série de micro-décisions traduit votre *Weltanschauung* [1], il y aurait alors là matière à s'affoler : vous vous seriez, monsieur le Premier ministre, trompé d'époque et de monde !

Ce serait aussi le cas, pardonnez-moi ce procès par anticipation, si vous alliez dans la voie fiscale que vous avez dessinée pendant la campagne électorale. Que la fiscalité française avantage trop les revenus du capital par rapport à ceux du travail, c'est une évidence ! Mais trop généreuse avec les premiers, elle est trop sévère avec les seconds. Vous ne pouvez pas augmenter les uns sans baisser les autres. Le bon système fiscal traite, nous le savons, de façon indifférente les revenus, quelles que soient leurs origines, mais avec un taux maximum de l'ordre de 40 %. Il est inconcevable de soumettre les produits du capital à un taux anglais, donc plus élevé et de frapper les revenus du travail à un taux, lui français, de plus de 50 %. Nous ne sommes plus à l'époque où les rentiers, affolés de voir la gauche au pouvoir, se précipitaient en masse dans les banques suisses. Le risque est plus grave ; faire fuir les meilleurs cerveaux, tous extravertis et cosmopolites, à Londres, à New York ou ailleurs. Ne vous rassurez pas, en pensant qu'il ne s'agit que de quelques centaines de *golden boys* insatisfaits. Dans une économie dominée par l'immatériel, l'actif des entreprises, ce sont les hommes. Il est vain de répéter cette évidence et d'en tirer des conclusions inverses. Vous risquez de voir s'exiler de nombreux Français : pour des raisons fiscales certes,

1. Vision du monde, dans le langage de la philosophie allemande.

mais plus encore parce que l'air est plus tonique ailleurs, le sentiment que « les choses se passent là » plus vif, le mouvement plus prenant. Evitez les condamnations morales : ces créateurs, ces financiers, ces publicitaires, ces architectes ne ressemblent pas à des bourgeois prisonniers de leurs instincts de classe ; ils ont, pour beaucoup, voté à gauche, mais une certaine atmosphère française les inhibe, moins décontractée, moins libre, moins cosmopolite.

Plus grave encore, les entreprises françaises éprouveront des difficultés de plus en plus grandes à attirer, dans leurs sièges sociaux, des cadres étrangers, l'écart fiscal demeurant prohibitif. Interrogez les présidents de l'Oréal, de LVMH, de la Société Générale ou de Saint-Gobain : dans ce jeu sans fin, qui consiste à attirer, chez soi, les élites et qui participe de la globalisation, nous courons, les fers aux pieds. Sur l'instant, cela peut apparaître un enjeu subalterne, en face des trois millions de chômeurs. A long terme, c'est une affaire décisive.

Je ne suis pas sûr, monsieur le Premier ministre, que vous admettiez ce propos et pour tout dire, je crains que vous ne l'attribuiez à un réflexe de classe de ma part et que vous le considériez comme nul et non avenu. Je vous soupçonne, en d'autres termes, de manquer d'instinct microéconomique, comme d'ailleurs la plupart de vos collègues. Ce n'est une affaire ni de formation, ni d'expérience, mais d'intuition. Pierre Bérégovoy avait naturellement le « toucher microéconomique » ; il avait deviné, spontanément, les ressorts d'un entrepreneur, les mécanismes de la confiance, c'est-à-dire du premier des facteurs de production ; il sentait les gestes qui s'imposaient vis-à-vis de ces catégories toutes-puissantes et fragiles. Eloge excessif pour ce qui ne relevait, pensez-vous peut-être, que du conservatisme fiscal. Erreur : l'impôt n'est pas seul en cause. Ce qui est vrai vis-à-vis des divas de l'économie l'est aussi à l'égard du patron de PME. Donnez-lui le sentiment d'une incertitude fiscale, du risque de voir ses impôts bouger de manière erratique ; laissez-lui entendre que le seuil de licenciements économiques sera abaissé au-dessous de dix ; faites-lui croire qu'une forme insidieuse d'autorisation préalable de licenciement risque d'être rétablie, et vous provoquerez, sans le savoir, des dizaines de milliers de chômeurs supplémentaires. Rien ne se voit sur le moment, mais un comportement chemine, de façon souterraine et le résultat se mesure dans les chiffres de la croissance et de l'emploi. Votre risque est là, bien davantage que dans les enjeux macroéconomiques.

De ce point de vue, vous cultivez, comme votre prédécesseur en 1995, le travers français, c'est-à-dire une attitude qui mêle la volonté de contenir le déficit public, mais non de le réduire, la tentation d'engager de nouvelles dépenses et l'obligation de les couvrir par des impôts supplémentaires. Vous vous croyez vertueux ; vous n'avez fait que nous faire perdre 0,5 % de croissance par rapport à nos partenaires et nous placer, de ce point de vue, en queue du peloton européen. On peut respecter les grands équilibres et étouffer la croissance ; il suffit d'accroître simultanément la dépense et la recette publiques. Or dans une économie mondialisée, à force d'être sollicitées, les recettes fiscales finissent par s'évaporer : dans le travail noir, dans l'illégalité ou, pire, dans une moindre productivité. Ce n'est pas un hasard si, après chaque nouveau tour de vis fiscal, le produit de l'impôt collecté s'avère toujours inférieur aux prévisions. Alain Juppé en a fait l'expérience à ses dépens ; vous risquez de le suivre à la trace.

Certes vous ferez, je crois, l'euro et c'est l'essentiel. Non par conviction : je vous crois a-européen et votre discours de politique générale en témoignait, qui traitait l'Europe comme une question adjacente et en aucun cas, comme un « horizon indépassable ». Mais par la logique des situations : elle s'impose à vous, comme hier à Jacques Chirac ; un homme d'Etat ne peut prendre le risque de faire exploser la construction européenne, même s'il n'est pas « philoeuropéen ». Or, une fois l'euro en place, une dynamique s'imposera à nous, à vous, à votre successeur et les inflexions viendront d'elles-mêmes : de gré ou de force, les sociaux-corporatistes céderont le pas aux libéraux de droite et les sociaux-démocrates keynesiens aux libéraux de gauche. A long terme, la force de la réalité bousculera les inhibitions idéologiques.

Mais à court terme, votre politique économique, monsieur le Premier ministre, risque d'échouer : j'en prends le pari. Entendons-nous bien sur le mot d'échec. Ce n'est pas la répétition de 1982 qui nous menace. Portée par le cycle de croissance européenne, l'économie française restera dans le jeu, mais elle ne parviendra pas à faire mieux que la moyenne de ses partenaires. Sans doute sera-t-elle même en queue de peloton. Et par ailleurs, le chômage ne régressera que marginalement. Face à ce résultat en demi-teinte, nous entendrons les refrains habituels : la fatalité française du chômage ; les vices de l'orthodoxie ; les miasmes d'une pensée unique à laquelle les socialistes se seront, eux aussi, soumis ; l'insuffisance de la relance salariale ; la déprime collective et toutes les autres balivernes qui nous sont, depuis des lustres, familières.

Quant à vous, vous risquerez alors de céder au scepticisme désabusé des gouvernants de notre pays qui croient leur capacité d'action limitée, en quelque sorte, par une conjonction astrale défavorable. Je crains que ni vos camarades, ni vous-même, n'ayez la lucidité, le moment venu, de poser le vrai diagnostic. Il tient en une phrase : à politique économique archaïque, résultats en demi-teinte. Sans doute ne ferez-vous pas le lien entre vos résultats médiocres sur le plan de l'emploi et un enchaînement de microdécisions qui, prises une à une, semblent insignifiantes mais qui, mises bout à bout, effacent la confiance, brisent l'élan et empêchent toute dynamique psychologique. Vous aurez le sentiment de vous être soumis au diktat de l'orthodoxie sans en tirer le moindre avantage et vous contemplerez davantage encore la mondialisation comme une contrainte douloureuse.

Or, de ce bilan mi-figue, mi-raisin, vous serez seul responsable. Vous êtes arrivé au pouvoir sans marge de manœuvre, argumenterez-vous pour votre défense, pris entre les critères de Maastricht et un budget dont la réalisation filait entre les doigts du gouvernement précédent. C'est exact, mais rien ne vous obligeait à réitérer le choix, si traditionnel en

France, d'augmenter les recettes à défaut de savoir réduire les dépenses.

Cela dit, l'économie ne se limite pas à la seule confection du budget. La dynamique de croissance relève aussi bien de réformes de structures judicieuses que de signes, de symboles ou de l'air du temps. Plus les exigences macroéconomiques sont fortes, plus l'élan doit se prendre ailleurs. Or vous vous trompez de réformes et de signes. Vous vous enfoncez dans la social-démocratie et le keynesianisme, alors que la réalité devrait faire de vous un libéral de gauche. Cette erreur de *casting* idéologique sera à l'origine de votre échec ou plutôt d'une performance gouvernementale moyenne qui n'apparaîtra comme un fiasco que par référence aux espoirs que vous avez, comme Jacques Chirac en 1995, fait abusivement lever.

De cette méprise conceptuelle, un *aggiornamento* idéologique sortira-t-il enfin ? Aussi longtemps que vous serez au pouvoir, inutile d'y penser ! Vous avez commencé à gérer vos premières volte-face sous la pression de la réalité, de la même manière que François Mitterrand après son choix européen en 1983 : en les niant. Fort de votre image justifiée de vertu, vous êtes même allé plus loin, vous autorisant à prendre une position que jamais votre patron, dans les années quatre-vingt, n'aurait pu faire sienne : refuser à autrui, et en particulier aux journalistes, d'être les « notaires » de vos promesses, ce qui vous permet de vous exonérer desdites promesses ! Faut-il avoir la grâce pour pouvoir pratiquer, dans la concorde et le respect collectifs, un tel angélisme cynique ! Vous nous avez donc imposé l'éternel discours, de droite comme de gauche, qui met les changements de pied sur le compte de l'héritage, de la conjoncture, de la réalité ou de l'époque.

Lorsque l'alternance vous aura rendu le temps de la réflexion, pratiquerez-vous cette remise à plat conceptuelle ou, au contraire, vous accrocherez-vous, avec vos camarades, à vos vieilles lunes ? Nul ne le sait, ni vous, ni moi. Mais au nom du principe qui voit en France la droite et la gauche avancer du même pas, comment serions-nous optimistes ? Pourquoi vous imaginer, le moment venu, plus lucides que la droite aujourd'hui ? Or celle-ci nous offre une édifiante démonstration de cécité. Elle a perdu le pouvoir, à force d'ambiguïtés et de contradictions : des promesses électorales auprès desquelles les vôtres paraissaient presque raisonnables ; une pratique social-corporatiste du gouvernement ; une insertion, à reculons et pleine d'arrière-pensées dans le processus de mondialisation ; une politique économique, mélange indéfinissable de libéralisme et d'interventionnisme. Le bon sens, après un tel échec, aurait consisté à réinventer une cohérence idéologique et politique, et celle-ci ne pouvait naturellement apparaître que du côté du libéralisme. Au lieu d'aller dans cette voie, le parti dominant de la droite, donc celui qui donne à l'ensemble son allure politique, ne remet-il pas son sort dans les mains d'un adversaire de la mondialisation et de l'Europe, par ailleurs le dernier épigone, en Europe, de l'étatisme ?

Vu de loin, ce spectacle politique doit sembler surréaliste : il est rare d'apercevoir un contresens de cette ampleur ! Nous allons vivre des années avec pour seul objectif, de la part des libéraux de la droite, d'arracher des demi-phrases moins étatistes et moins interventionnistes à Philippe Séguin et d'y voir autant de triomphes publics. Pauvre droite française ! Vous devez la contempler avec ironie et comment ne pas vous comprendre ? Mais êtes-vous sûr, lorsque, malgré sa médiocrité, elle vous aura repris le pouvoir sur la seule foi du demi-échec auquel vous vous êtes condamné, que vous saurez mieux mener votre propre révolution culturelle ? J'en doute, car je ne vois nulle part les ingrédients, dans votre camp, du libéralisme de gauche. Au moins, à droite, les Balladur, Barre, Juppé, Madelin et autres murmurent-ils quelques psaumes libéraux. Mais à gauche, c'est le désert. A côté des d'Alema, Kok, Gutierez, même Delors et Rocard apparaissent comme des sociaux-démocrates à l'ancienne ; vous les avez rejoints, une fois abandonné le socialisme, mais eux n'ont pas, pendant cette période, évolué. Votre archaïsme risque donc de vous coller longtemps à la peau.

La situation est — vous n'en conviendrez sans doute pas — rageante. La France a, en main, toutes les cartes qui lui permettraient de vivre une mondialisation heureuse. D'elle-même, sans le moindre concours de ses élites dirigeantes, elle a parcouru, sous la force des faits, la moitié du chemin, et s'est admirablement insérée dans le jeu mondial. Son seul drame, le chômage de longue durée, est à portée d'une solution : il existe deux cheminements d'essence libérale, l'un de droite, l'autre de gauche, pour en sortir à la seule condition de ne pas se tromper de diagnostic et de faire preuve de continuité. Mais au lieu de prendre progressivement cette voie, notre pays continue à s'égarer dans des débats économiques qui font rire le monde entier. Il ne renonce pas à trouver un modèle, sans équivalent ailleurs, comme s'il allait, seul dans l'univers, inventer une solution miracle. De ce point de vue ni les premiers pas de votre gouvernement, ni la réorganisation de l'opposition ne sont encourageants ; ils sont, les uns et les autres, marqués au coin des arthritismes français. Sommes-nous condamnés à vivre, à cloche-pied, la mondialisation ? Et donc à n'en tirer que la moitié des avantages et à en récolter l'intégralité des inconvénients ? Si nous ne savons trouver en nous-mêmes les ressources mentales d'une adaptation, nous pouvons craindre une telle hypothèse : ce pays serait-il trop fatigué pour entrer de façon unanime dans la modernité ?

Mais, immense vertu de la culture marxiste, elle nous rappelle que les faits sont plus puissants que les mentalités, la réalité que les idéologies, les infrastructures — pour faire au bon vieux Marx l'hommage de son propre vocabulaire — que les superstructures. Jusqu'à présent, une économie pouvait encore jouer à cache-cache avec la mondialisation. Ce sera de plus en plus difficile. La vraie révolution viendra, plus vite encore, de l'avènement de l'euro. D'un côté, il nous protégera des excès de la globalisation et réouvrira à l'Europe une marge d'autonomie ; de l'autre, il nous contraindra à une modernisation forcée. Ce n'est pas la dynamique des idées qui nous rendra libéraux, de droite ou de gauche. Celles-ci ne précéderont pas, mais suivront, la mutation, à marche accélérée, que nous vivrons au cœur de la zone euro. Vous, les hommes d'Etat, deviendrez les notaires de cette transformation, à défaut d'avoir su en être les acteurs, mais, sauf pour la classe politique, l'essentiel n'est pas là. La France, comme souvent, aura eu de la chance. Sans l'euro, mal à l'aise devant la mondialisation, elle aurait sans doute connu le déclin. Grâce à l'euro, l'histoire, cette providence des peuples, lui permettra une fois de plus de tenir son rang ; la grâce française n'a donc pas disparu. Mais un pays peut-il éternellement progresser de façon camouflée ? Ne parviendrons-nous jamais, comme les autres, à assumer nos mutations, à y réfléchir au préalable, à en être fiers *a posteriori* ? Serons-nous toujours les bons élèves honteux de la modernité ? La France mérite mieux.

Cet ouvrage a été composé par
Graphic Hainaut (59163 Condé-sur-Escaut)
et imprimé par la Société Nouvelle Firmin-Didot
Mesnil-sur-l'Estrée
en octobre 1997

Imprimé en France
Dépôt légal : septembre 1997
N° d'édition : 12846 - N° d'impression : 40253